PRÉFACE.

En offrant cet Ouvrage au Public, je n'ai pas besoin de justifier les intentions qui me l'ont fait entreprendre, il me suffira qu'on veuille bien le lire. Quant au fonds, je dois quelques détails. Lorsque j'ai cherché à me rendre raison des résistances que la République éprouve depuis trois ans à s'établir, je me suis convaincu qu'elles viennent d'abord de ce que peu de personnes se font des idées justes de la Liberté dans un pays vaste et manufacturier, et ensuite, de ce que nos institutions civiles ne sont point assez en rapport avec la forme actuelle de notre Gouvernement; mon objet a donc été de déterminer ce que doit être la République en France, et d'indiquer les parties de la législation générale qu'il faut se hâter de mettre en harmonie avec l'institution politique.

Je n'ai pas dit tout ce qu'il fallait dire sur cette matière, mais tout ce que je sais, mon amour pour mon pays est sans bornes; il n'en est pas de même de mes connaissances; ma jeunesse d'ailleurs pourra

me servir d'excuse, si pourtant on peut être excu-
sable, quand on a le malheur de déplaire au Public.

J'annonce d'avance que je n'ai eu l'intention de
blesser personne ; je parle quelquefois des hommes,
mais c'est qu'ils se trouvent sur mon passage ; je
ne les cherche pas.

S'il est vrai que tout citoyen doit le tribut de
ses lumières à sa patrie, ce tribut est bien plus
d'obligation dans la nouveauté d'un Gouvernement
qui s'essaye. L'occupation de ceux qui gouvernent
est immense, il faut qu'ils soignent l'ensemble, et
qu'ils surveillent en même tems les détails ; pour-
ront-ils voir tout, si on n'observe pas avec eux ?
D'ailleurs, quand une machine aussi vaste s'organise, il peut arriver que ceux même qui sont
chargés de la mettre en mouvement, se trompent
sur le choix des moyens ; on leur doit des conseils : celui qui éclaire le Gouvernement sur ses
fautes, est son véritable ami ; celui au contraire
qui trouve bon jusqu'à ses erreurs, est un ami
dangereux, car il applaudit en lui ce qui peut le
perdre, ou du moins lui ôter de la considération.
C'est donc un devoir pour l'Écrivain, d'aider le

Gouvernement de ses lumières, je dis plus, c'est son intérêt, parce que, dans un Etat libre, la chose publique n'appartient pas seulement à ceux qui gouvernent, mais aussi à ceux qui sont gouvernés.

CONSIDÉRATIONS

POLITIQUES ET MORALES,

SUR LA FRANCE

CONSTITUÉE EN RÉPUBLIQUE;

Par Edouard LEFEBVRE,

Membre de la Société Libre des Sciences, Belles-Lettres et Arts de Paris.

CHAPITRE PREMIER.

Du principe constitutif du Gouvernement français, comparé avec celui des Républiques anciennes.

Je n'examinerai pas si ceux qui nous ont donné la république, avaient le projet d'établir en France la démocratie pure; je vais chercher à développer le principe qui constitue le gouvernement de 1795; c'est-à-dire, fixer ce que doivent être nos lois politiques et civiles, pour ne pas blesser ce principe

A

et s'accommoder avec la prospérité de l'état. Il n'a pas dû suffire de donner à la France une constitution républicaine, il faut que l'esprit général, les mœurs et les manières de la nation, se reforment sur le plan du système républicain ; autrement, notre gouvernement ne sera qu'un mélange bizarre d'esclavage et de liberté, d'élémens républicains et d'habitudes monarchiques.

La chose publique se compose d'une foule de parties différentes ; je traiterai séparément de celles qui ont le plus de rapport avec mon sujet, et dans lesquélles il importe que le gouvernement apporte sans délai des réformes ou des modifications. Mais avant d'aller plus loin, j'ai besoin d'entrer dans quelques détails sur la nature de notre gouvernement.

Comme il y a des monarchies plus ou moins tempérées, il y a des républiques plus ou moins démocratiques. Le devoir du législateur n'est point de donner à un peuple la meilleure forme de gouvernement qui se puisse imaginer, mais celle qui convient le mieux à sa prospérité ; son imperfection alors fait son mérite. La France est dans ce cas ; son gouvernement pourrait être plus populaire, mais il ne conviendrait ni à ses mœurs, ni au système d'économie politique qui la gouverne, ni à la grandeur de son territoire. Une démocratie pure suppose, pour le peuple, la faculté d'exercer collectivement dans tous les instans , sa souveraineté ; et cela ne se peut que dans les petits états , où il s'assemble autant de fois dans un jour , qu'il le croit utile à ses intérêts. Ce n'est pas à dire que sous un gouvernement représentatif , on ne jouisse pas d'une liberté aussi étendue que dans les démocraties. Le peuple n'y est pas souverain à tous les instans ; mais il exerce une fois l'an , le droit le plus important , celui de nommer ses représentans , ses administrateurs et ses juges.

La constitution de 1795 est , avec ses défauts , ce qu'il y a de plus parfait parmi celles qui régissent les peuples policés de l'Europe. Plus démocratique , elle dégénérerait en anarchie ; moins républicaine , elle ressemblerait à la tyrannie ; elle nous place dans cet état mitoyen qui convient le mieux à notre manière d'être.

Dans un état quelconque , les lois civiles et politiques doivent être en rapport avec le principe qui constitue le gouvernement ; c'est-à-dire que telles institutions excellentes pour un peuple , peuvent ne point convenir à tel autre. Comme des lois trop douces sous le despotisme· le ferait tendre vers la liberté , de même des institutions trop démocratiques ou trop monarchiques , dans un pays où on jouit d'une liberté modérée , doivent faire tomber dans la démocratie ou la monarchie. Le grand art du législateur est de ne jamais forcer les proportions, mais de se tenir toujours dans les bornes de sa liberté possible.

J'ai dit plus haut que parmi les gouvernemens libres, il y en a de plusieurs espèces. Sparte et Rome étaient militaires ; Athènes et Carthage commerçantes ; cette différence vient de celle des territoires que la nature n'a pas tous placés ou favorisés de même. Un peuple qui habite un pays pauvre et que la nature n'a point entouré de barrières, est destiné à être puissance militaire, s'il veut n'être point asservi ; celui qui avoisine la mer est au contraire appelé au commerce. La démocratie pure convient au premier ; un gouvernement mixte au second. Ce n'est pas que nous n'ayions vu des républiques commerçantes exister sous des formes purement démocratiques ; mais elles ont toutes péri avant le terme prescrit par la nature ; c'est qu'une liberté sans bornes, veut une surveillance sans bornes, et que des hommes qui ont tant de tems à donner à leurs affaires, en ont fort peu à consacrer à la chose publique. Athènes, livrée à son commerce, a succombé sous les efforts de Sparte, qui ne connaissait de profession que celle des armes. Carthage n'a pu résister à Rome ; et cette république elle-même a vu la démocratie s'altérer chez elle, dès qu'elle est devenue commerçante.

L'Europe entière est aujourd'hui manufacturière ; et les nations qui la composent, commerçantes ;

elles deviendraient toutes libres , qu'aucune d'elles
ne pourrait s'appliquer le gouvernement démocratique, sans tomber dans la pauvreté , et retourner
au régime féodal ou agricole. Je ne veux point
dire que la démocratie soit, de sa nature, inconciliable avec la prospérité d'un état; mais elle doit
occuper, dans l'ordre de la civilisation, le rang
que tient l'enfance dans la vie humaine, c'est-à-
dire, qu'elle ne convient qu'aux peuples qui com-
mencent à exister. Cette forme de gouvernement
a encore en France tant de partisans de bonne foi,
que je crois devoir entrer dans quelques détails sur
le principe qui la constitue, pour mettre à portée
de juger ceux qu'elle a pu séduire, que la France
ne pourrait se l'appliquer sans opérer sa ruine
complette.

La démocratie étant le gouvernement du peuple, l'amour de la patrie en est le fondement. En
effet, comment une multitude qui administre elle-
même les affaires de l'état, décide dans les tribunaux, dans les places publiques, et fait, à chaque
instant, des actes de la puissance législative, pour-
ra-t-elle remplir ces grandes fonctions d'une manière convenable aux intérêts de la patrie, si elle
n'est animée d'un amour profond pour elle ? Ce
n'est pas tout ; il faudra que la législation soit telle,
qu'on préfère la patrie à soi-même; que l'homme
se taise toujours devant le citoyen, et que chacun

public ; mais sitôt qu'on commencera à s'aimer mieux que la patrie, plus de liberté. Des ambitieux flatteront la multitude pour être élevés aux emplois, bientôt elle vendra ses suffrages, et l'Empire enfin deviendra le partage du premier qui aura l'audace de mettre la main dessus. On a dit que la démocratie ne conviendrait qu'à un peuple de dieux, au moins n'y a-t-il qu'un peuple neuf qui pourrait se l'appliquer sans danger. Là, le législateur n'a qu'à créer et rien à détruire : point de préjugés à combattre, d'habitudes à déraciner, d'intérêts à contrarier ; il faut qu'il fasse des hommes, et non qu'il réforme des esclaves. Dans un tel état de choses, son emploi sera très-simple ; il fera de bonnes lois, et le tems, et les institutions, formeront peu-à-peu des hommes. Mais il n'en est pas de même d'une nation qui passe de la monarchie à la liberté ; lui donner un gouvernement démocratique avant qu'elle ait l'amour de la patrie, n'est-ce pas vouloir les effets avant la cause, ou pour parler plus clairement, ammener sur l'état le fléau de l'anarchie ? Qu'on me cite un peuple corrompu, qui, de l'esclavage, soit passé à la démocratie ! bon Dieu ! un législateur a bien assez de donner une demi-liberté à une nation abâtardie, par une longue habitude d'obéir ! Que de résistance n'éprouve-t-il pas ! personne n'est content de ses lois.

nement que celui sous lequel ils ont vieilli ; les gens d'un âge mûr, ils regrettent des places lucratives ou des distinctions; la jeunesse elle a perdu des espérances. Aussi, ceux qui se chargent des pénibles fonctions de législateur, ne doivent-ils pas compter sur la reconnaissance de leurs contemporains. Lycurgue fut lapidé dans la place publique même où il avait fait recevoir ses belles institutions ; mais elle donnèrent à Sparte l'empire de la Grèce. Je reviens à mon sujet.

Ce que j'appelle principe constitutif du gouvernement, c'est cette manière d'exister, qui fait qu'un peuple est plutôt commerçant et manufacturier que militaire ou agricole. Cette situation, très-différente de celle des nations militaires, doit le forcer de suivre, dans la manière de conduire son régime et sa prospérité intérieure, des systêmes ou modes totalement opposés ; de là naît l'économie politique, science inconnue à presque toutes les nations anciennes, et neuve encore en Europe, quoique toutes les autres connaissances humaines y aient été portées depuis long-tems à la perfection dont le génie était capable.

L'économie politique est au corps politique, ce qu'est au corps humain l'application des lois de la médecine, c'est-à-dire, une suite de règles et de préceptes, à l'aide desquels une nation peut se maintenir dans un état de santé toujours vigoureuse, si je puis m'exprimer ainsi, et arriver sans accident aux termes de la vieillesse ; l'économie politique, combinée avec la liberté, peut même ce que ne peut la médecine, prolonger presqu'indéfinitivement la jeunesse d'une nation, et la mettre, pour ainsi dire, au-dessus des lois de la nature.

La pratique de cette science est incompatible avec le despotisme, parce que le despotisme ne voulant que ce qui lui convient, et ne voulant pas toujours la même chose, ne peut s'accommoder avec un système, dont la marche toujours réglée et constante, a d'ailleurs pour objet la prospérité de tous.

Il s'allie assez volontiers avec la monarchie, parce que l'intérêt du monarque est de vouloir tout ce qui est bon à l'état ; mais il a, sous ce gouvernement, tous les inconvéniens attachés à celui d'un seul, c'est-à-dire, qui fait tantôt du bien et tantôt du mal, selon que ceux qui sont chargés de le conduire, savent ou ne savent pas leur métier.

Mais c'est avec la liberté que ce système s'accommode le mieux, parce que tout le monde veillant sur sa marche sitôt qu'elle devient irrégulière, le gouvernement est averti, et le mal réparé ; mais au lieu qu'il soit subordonné à la liberté, c'est au contraire la liberté qui est dans sa dépendance ; si cela n'était pas ainsi, la liberté étant de plusieurs espèces et de sa nature emportée et variable, sitôt qu'il lui plaisait de reculer ou d'avancer, elle contrarierait la marche du système, c'est à-dire, la prospérité publique. Ce n'est pas que ce dernier ne puisse avoir besoin lui-même de se perfectionner ; mais loin qu'il y parvienne par le secours immédiat de la liberté, c'est au contraire sa propre perfection qui consolide la liberté.

La France étant manufacturière, son économie politique a dû se monter sur des principes de commerce, et la liberté s'établir sur ce plan ; c'est parce qu'on n'avait point senti que cette dernière doit toujours être en rapport avec le principe constitutif de l'état, qu'on nous a donné successivement trois constitutions, et qu'on a exposé la France au risque de périr dans le passage des crises que ces changemens amenaient. La première avait mis la liberté au-dessous des proportions ; la seconde au-dessus ; la troisième l'a heureusement rétablie dans ses rapports avec la base fondamentale de l'état.

D'après ces principes, la liberté en France, loin de nuire au commerce, doit au contraire l'encourager ; son objet principal doit être de le débarrasser de toutes les entraves qui pouvaient le gêner sous la monarchie ; car la révolution ne s'étant faite que parce que sa prospérité générale était contrariée dans ses développemens, la première chose doit être de dégager son principe actif des vices qui l'arrêtaient. Si la liberté ne produit pas ce bien, ce ne sera certainement pas la faute de la constitution qui porte en elle tous les élémens d'une prospérité sans bornes.

Dans un état où les manufactures sont la base du système économique, on ne peut leur nuire sans faire un tort considérable à toute la société, parce que chacun de ses membres tient médiatement ou immédiatement aux manufactures; l'ouvrier par son travail, le consommateur par ses besoins, et le cultivateur par ses échanges. et c'est pour cela que la guerre, utile aux nations qui n'ont rien, est un fléau pour celles qui sont commerçantes.

J'ai vu des gens prétendre que la guerre était nécessaire à la prospérité de la France , et à la consolidation de son gouvernement; mais comment une chose destructive de sa nature pourrait-elle faire le bonheur d'une nation ? Ces personnes auraient dû dire la GLOIRE DE LA FRANCE ; c'est dommage que gloire et prospérité soient incompatibles J'espère prouver dans cet ouvrage, que de tous les moyens de détruire un état manufacturier, la guerre est le plus infaillible. Mais mon objet n'est point de parler des maux qu'elle fait en général. Celle que nous avons entreprise était juste devant Dieu et devant les hommes. Nous avons dû la faire pour assurer notre indépendance contre des voisins ambitieux ; il n'est point question de compter nos pertes , il faut les réparer.

Tels que nous sommes constitués, nous ne pou-

vous

vons avoir la guerre pour objet. Les anciennes républiques, au contraire, étaient toutes militaires ;
et cette différence es telle, que nous ne pourrions
les prendre pour modèles, soit dans notre régime
intérieur, soit dans nos relations avec nos voisins,
sans choquer le principe de notre gouvernement. En
effet, borné à un petit territoire, l'objet important
était de le défendre contre les attaques de l'ennemi
extérieur. On devait donc naître soldat ; mais comme
dans un état où le salut de la patrie dépend du
courage des citoyens, il est indispensable de leur
en inspirer, toutes les institutions ont dû tendre
vers cet objet ; de-là ces exercices de la gymnastique, où la jeunesse s'essayait sur elle-même à
vaincre de plus redoutables ennemis.

Dans un pareil état, la profession des armes devait être la seule digne d'un citoyen ; les arts et le
commerce supposent des besoins, et ils devaient être
bannis d'une république où on n'en connaissait point
d'autre que celui de la défendre.

On voit au premier coup-d'œil combien ces sociétés politiques différaient des nations modernes.
Elles vivaient isolées, et pour ainsi dire sans communication avec leurs voisins. Nous, au contraire,
nous sommes dépendans des nôtres par nos besoins,
comme ils le sont de nous par les leurs. Leur économie politique était au bout de leur épée ; la nôtre
est dans le maintien des rapports qui nous lient avec

le monde entier. Quand les divers gouvernemens qui régissent l'Europe, se formeraient en républiques, ce ne serait jamais que des républiques commerçantes, parce qu'elle est gouvernée sur un système général de manufactures. Et que l'on ne gémisse pas que les choses soient ainsi ; elles sont une dernière perfection de la liberté, et une preuve incontestable que les sociétés modernes ont beaucoup gagné en civilisation sur les anciennes.

Mais ce qui détruit sur-tout entre ces républiques et la nôtre, tout rapport de similitude, c'est qu'elles avaient des esclaves. On peut sans inquiétude se livrer aux exercices de la guerre, quand on a derrière soi des hommes qui cultivent vos champs, filent vos habits et forgent vos armes ; mais quand cette forme de gouvernement paraîtrait la plus sûre, il resterait à décider si la liberté qui a pour base un système d'esclavage, n'est pas plutôt le droit de l'oppresseur sur l'opprimé, qu'une institution digne de la philosophie moderne.

Comment donc se fait-il que, placés dans une situation si différente de celle des anciennes républiques, nous les prenions toujours pour modèles dans nos lois politiques et civiles ? Que signifie, par exemple, ce projet (1) d'instituer la jeunesse française sur un pied militaire, de l'assujettir aux combats de la

____

(1) Projet présenté par la commission d'Instruction publique, au conseil des Cinq-cents.

gymnastique, à des exercices et à des revues militai-res ? Qu'après une guerre à mort où l'on a failli suc-comber, on soit prudent à l'excès, je le conçois ; on ne voit par-tout que danger, et on ne veut que se mettre en état de ne pas le craindre, sans penser que dans l'ordre des choses, il ne doit plus reve-nir ; mais chez nous c'est l'esprit d'imitation qui préside à la création de ces institutions guerrières. Les a-t-on du moins combinées avec un systême manufacturier ? A-t-on prévu nos longues expatria-tions dès l'âge le plus tendre ? Cette foule d'ouvriers qui chaque année quitte à une certaine époque ses foyers, pour aller chercher dans des départemens éloignés, de l'occupation, où se fera-t-elle inscrire, où subira-t-elle ses exercices, où passera-t-elle ses re-vues ? Il n'est point ici question d'une fraction de la na-tion, je parle de la presque majorité du peuple. Nour-rissez donc ces jeunes gens aux dépens de l'état, si vous voulez quils consacrent à des exercices, le tems qu'ils vouent à se procurer les moyens de vivre. Ces ins-titutions auraient été fort bonnes à Lacédémone, où la législation ressemblait plus à la discipline d'un monastère qu'à un corps de lois politiques ; mais dans un état aussi vaste que la France, où les trois quarts des habitans sont nécessairement dépendans des besoins du moment, elles choqueraient l'esprit de notre gouvernement.

Il en est de même de la loi qui forcerait tous les

jeunes gens à servir l'état ; il faut qu'on se pénètre bien de cette vérité, qu'il n'y a aucune bonne manière de combiner un système manufacturier , avec des élémens militaires. Nos camps, à nous, sont des atteliers , nos armes des métiers, et notre profession celle de gagner de l'argent ; tout ce qui s'éloigne de là est vicieux. Si cela n'était pas ainsi, quel serait donc l'emploi de l'armée constitutionnelle que l'état entretient en tems de paix? N'est-elle pas chargée de le défendre contre les attaques de l'ennemi extérieur? Ne suffit-elle pas pour couvrir nos vastes frontières, et n'est-elle pas plus nombreuse que toutes celles qu'entretiennent les souverains de l'Europe? La garde nationale, d'un autre côté, ne suffit-elle pas pour assurer le service de l'intérieur? Pourquoi donc aller au-delà de la constitution , et vouloir être plus patriote qu'elle ? craint-on que la France ne manque de soldats? Qu'on attende , pour faire des lois à cet égard, qu'elle soit dans cet état florissant qu'on préfère au droit de la défendre, celui de peupler ses atteliers d'industrie ; mais tant que les manufactures et l'agriculture seront aussi loin qu'elles le sont du terme de leur moyenne prospérité, on est sûr de trouver dans cette foule d'hommes qu'elles laissent sans travail , plus de soldats qu'il n'en faudra à la défense de la patrie.

Qu'est-ce aussi que ce corps intermédiaire destiné à completter l'armée constitutionnelle ? Il deviendra un instrument de servitude. Croit-on que l'autorité qui voudra devenir usurpatrice, manquera de prétexte pour l'appeler près de soi. Ces corps qui ne tiennent à aucune armée, sont toujours à un parti. Ils sont, dans le système politique, ce que sont, dans le système planétaire, ces corps errans qui, n'étant assujettis à aucune loi fixe et constante, flottent au gré du mouvement qui les pousse en tous sens, et obéissent à celui qui a le plus de force pour les attirer dans son orbite. Dans un pays libre où l'on est plus citoyen que soldat, où la liberté est plus dans le droit que dans le fait, rien de plus dangereux que des milices, qui auraient la puissance de l'opprimer. Pourquoi la constitution n'a-t-elle pas voulu accorder aux armées la faculté de délibérer? c'est que c'eût été leur donner avec le droit de manifester leur volonté, la force pour la faire exécuter. En général la liberté se trouve mal auprès de ces instrumens du pouvoir; ils sont là pour que vous soyez libre, mais ils ont toujours l'air de vous ordonner de l'être. Aussi le jour où le peuple exerce sa souveraineté, ne devrait-on appercevoir ni armes, ni canons, ni soldats; cela blesse les regards de l'homme libre, qui ne doit voir, le jour où il est au-dessus de toute puissance, rien qui puisse balancer ou opprimer la sienne.

Je n'aime point la manie d'imiter, elle suppose dans le législateur un génie étroit, et véritablement il fait à sa nation beaucoup de mal, parce qu'il la place dans une situation qui ne lui permet d'être ni elle-même, ni ce, qu'on voudrait qu'elle fut. D'un autre côté ceux qui étudient les institutions des peu-ples, ne les voient souvent qu'isolément, et non dans le rapport qu'elles ont toujours avec le pays et le climat ; ils prennent alors des choses de loca-lité et de circonstance, pour des principes applica-bles à la législation de tous les peuples. Ils ne savent pas que la science de gouverner les hommes n'est qu'une science de rapports vagues et indéterminés, et que c'est pour cela qu'elle est infiniment difficile ; mais ce qui contribue plus que toute autre chose à égarer les législateurs, c'est cette foule de théories et de systêmes contradictoires, où le faux est par-tout présenté avec le ton d'assurance qui ne convient qu'à des vérités géométriques. A la tête de ces doc-trinaires exagérés, j'ose mettre Mably lui-même, que je respecte certainement comme une tête très-philosophi-que, mais dans les ouvrages duquel je n'ai pas trouvé un seul principe fixe, une seule vérité constante, quoi-que je les aie lus avec l'esprit le plus attentif, et avec la prévention qu'inspirent toujours de grandes lumières. Si, au lieu de se jeter dans de continuelles et fatiguantes déclamations sur les vices des gouver-nemens d'Europe, Mably eût offert à chacun d'eux un systême complet de réformation possible, sa gloire eût été immortelle ; mais absorbé dans l'admiration des lois de Licurgue, il n'a cessé de les proposer.

pour modèles aux nations modernes, comme si le régime militaire convenait à l'Europe manufacturière, et qu'elle put se l'appliquer sans attirer sur elle des maux incalculables. Mais qu'a donc de si admirable cette législation qu'on vante avec tant de complaisance? a-t-elle empéché Sparte de succomber sous les armes d'Epaminondas, et d'être ensuite asservie par Alexandre ? Enfin cette puissance a-t-elle eu sur la terre une existence plus brillante et plus durable que toute autre? Elle fut de toutes les nations militaires la mieux constituée , c'est-à-dire , qu'elle connut mieux que toute autre , l'art d'exterminer les hommes ; mais est-ce bien dans un siècle où l'on érige des autels à la philosophie , qu'on peut s'honorer de marcher sur les traces d'un peuple qui n'eut que des vertus destructrices ! Que deviendrait l'Europe, s'il s'élevait malheureusement dans son sein ou près d'elle , une nation qui se formât sur les principes du gouvernement de Sparte ? Avant un demi-siècle , elle serait replongée dans la barbarie. La nature n'a point appelé les hommes à se détruire, elle les a au contraire invités , par l'attrait du commerce et de la paix, à se lier d'un bout du monde à l'autre , et à développer leur population et leur richesse jusqu'au dernier terme de toute augmentation possible.

Si Licurgue et Solon revenaient parmi nous , croit-on qu'ils nous proposassent leurs lois pour modèles?

Gardez-vous, nous diraient-ils, de telles institutions ;
elles convenaient à la Grèce militaire et presque barbare ; pour vous, qui vivez dans un siècle de lumières, admirez-nous, mais ne nous imitez pas. En
effet, tant qu'on voudra que nous soyions Grecs ou
Romains, nous ne serons jamais rien. Chaque peuple
a son génie particulier; d'ailleurs les anciens étaient,
en matière de législation, beaucoup moins avancés
que nous. Ils ne connaissaient que trois formes de
gouvernement ; le monarchique, le despotique et le
populaire. Chez eux, tout pays qui n'etait pas assez
petit pour être régi démocratiquement, l'était par les,
les lois d'un seul. Nous avons de plus qu'eux la constitution des trois pouvoirs, heureuse combinaison à
l'aide de laquelle un peuple approche de la liberté
assez près pour jouir de tous ses avantages, sans avoir
à redouter les fureurs de la démagogie. Ainsi, au lieu
de les prendre toujours pour modèles dans un systême qu'ils ne connaissaient pas, faisons ce qu'ils
auraient fait eux-mêmes, s'ils avaient eu le bonheur
de le connaître.

Dans tout état libre où l'on n'a rien en propriété,
on aime le gouvernement pour lui ; mais chez nous,
par la nature des choses, ce ne sera pas tout-à-fait
cela : nous ne l'aimerons pas précisément parce
qu'il est notre gouvernement, mais parce qu'il est
le protecteur de la fortune publique, et que la fortune publique est liée à son maintien. Quoiqu'un,

pareil attachement n'ait pas une source très-pure, il n'en a pas moins les plus heureux résultats, parce qu'il repose sur l'intérêt personnel, qui sera toujours le ressort le plus actif dans les républiques, commerçantes.

Dans ces sortes d'états, la liberté se voit moins dans les places publiques que dans les comptoirs, les marchés et les ports. Un peuple libre marchand, s'assemble rarement, parce qu'il n'est pas libre pour perdre son tems, mais pour l'employer à gagner de l'argent; la liberté, enfin, est tout ce qu'elle peut être quand le commerce est entièrement libre. Mais comme le négociant, de sa nature indifférent pour tout ce qui ne touche pas immédiatement ses intérêts, pourrait laisser tomber la liberté dans des mains qui en abuseraient, il faudrait chez nous des lois sévères pour l'arracher à ses calculs, et le forcer de se rendre dans les assemblées publiques (1). S'il est nécessaire que la partie de la nation qui a peu ne soit pas sans influence, il l'est bien plus que celle qui a beaucoup en exerce une très-forte. Voyez l'histoire des grandes républiques, de Tyr, de Carthage et de Marseille, c'est toujours l'insouciance du commerce qui les a perdues; on ne peut être en même tems dans les comptoirs et dans les places publiques Il y avait à Rome un établissement admirable pour ses effets,

____

(1) Cette année, il n'y avait point, dans les assemblées primaires, le tiers des votans qui auraient dû y paraître.

c'était la censure ; elle citait à son tribunal les citoyens négligens. C'est que la négligence des devoirs envers la patrie , mène nécessairement à l'oubli de de ces devoirs. Je ne sais si une institution de ce genre ne serait pas très-propre à tirer nos banquiers de leur léthargique insouciance.

Mais au lieu de considérer le commerce dans ses rapports avec la liberté , je me sens pressé de l'envisager dans ses effets sur la prospérité publique , selon qu'il est conduit sur les principes d'une bonne ou mauvaise législation.

CHAPITRE II.

Du Commerce, de l'Agriculture, des Manufactures, et des causes qui empêchent le développement actuel de la prospérité publique en France.

J'AVAIS eu d'abord l'intention de diviser ces matières, mais elles ont ensemble une connexion si étroite, qu'on ne peut les séparer sans s'exposer à les traiter imparfaitement ; je les unirai donc, et chercherai à montrer l'influence que les lois ont sur ces trois branches de l'économie politique, et celle qu'elles exercent réciproquement l'une sur l'autre, lorsqu'elles sont ordonnées sur le plan d'une bonne législation. Ce n'est pas que des économistes célèbres n'aient déja traité ces matières d'une manière satisfaisante ; mais en lisant leurs théories applicables à toute espèce de gouvernement, j'ai cru trouver, dans la situation particulière de la France, des circonstances qui modifient leurs principes ou nécessitent, dans leur application, des combinaisons différentes ou plus étendues.

Il y a, entre la population d'un état et les qualités productives de son sol, des rapports de quantité qui déterminent les limites où elle doit s'arrêter, et la proportion dans laquelle on doit encourager les mariages. Supposons un état qui ait porté l'agriculture aux dernières limites de la perfection, ou la somme de nourriture, donnée par la terre, ne suffit pas au maintien de la population actuelle, ou elle y suffit, ou bien elle offre un excédent quelconque. Dans le premier cas, c'est un crime d'encourager la population, car elle a déja franchi ses limites de raison ; dans le second, il faut l'arrêter pour qu'elle ne les franchisse pas, et dans le troisième, il faut l'encourager pour qu'elle y arrive. C'est de cet excès de population que se formèrent jadis ces nombreuses colonies grecques qui peuplèrent les côtés d'Asie, d'Afrique et l'Italie même. Un célèbre publiciste français (1) leur donne une autre origine ; il dit qu'après l'abolition de la royauté dans la Grèce, tout ce qu'il y avait de citoyens ambitieux et inquiets, s'expatria pour aller jeter dans des terres étrangères le fondement de nouveaux états ; je n'adopte point cette opinion : on n'aurait pas souffert ces nombreuses émigrations, si elles n'eussent été commandées par une surabondance de population, parce qu'elles auraient épuisé chaque état et favorisé son envahissement par quelque puissance voisine. Quoiqu'à cette époque la législation ne fut pas encore bien avancée dans la Grèce, cependant il faut

____

(1) Mably. observations sur l'Histoire de la Grèce,

avouer qu'elle avait fait un grand pas vers sa pei fec-
tion, puisque ce petit pays avait deja eu le bon espiit
d'abolir chez lui la royauté.

C'est toujours un giand malheur quand un état se
trouve obligé de foimer des colonies. Si, dans leur
développement respectif, les lumières et la population avançaient avec une vîtesse proportionnelle, rarement ; les nations se trouveraient réduites à cette
extiémité, car c'est souvent l'imperfection du systême d'agiiculture qui cause les excès de population ,
c'est-à-dire , que c'est parce qu'on ne tire pas de la
teire toute la nourriture qu'elle pourrait donner ,
que cette nourriture se trofive insuffisante pour la
masse de population actuelle.

Mais il n'est pas question ici de chercher les
moyens d'empêcher la procréation de franchir les
limites de la nourriture possible , ou de la contenir
dans ces mêmes limites , car en Europe elle n'a pu
même encore atteindre à la proportion de la nourriture actuelle : ce n'est cependant pas que l'agriculture y ait été portée quelque part à sa perfection, au
contraire, elle est par-tout soumise à de faux systêmes de culture qui ne lui ont jamais permis de développer que la plus faible partie de ses moyens : on
peut dire, à cet égard , l'excellent discouis d'Er-
renschwand sur la population , ouvrage que les hommes d'état de tous les pays, devraient sans cesse

avoir sous les yeux , comme le traité le plus complet de la prospérité des nations.

Si , dans les principes du système d'économie politique sur lequel toutes les nations de l'Europe sont gouvernées, un état ne peut prospérer sans une forte population , et si , d'un autre côté, la population doit se mesurer sur ce que produit le territoire , il est évident que pour faire arriver une nation au plus haut degré de prospérité possible , il faut donner à l'agriculture toute la perfection dont elle est susceptible. Si on avait mieux senti cette vérité , on n'aurait pas , comme on l'a fait, particulièrement en France , confondu sans cesse les principes avec leurs conséquences; on aurait senti que l'accroissement de la population , loin d'agir comme cause sur la prospérité publique, est au contraire déterminé par elle comme effet, et au lieu d'encourager directement les mariages , on aurait perfectionné l'agriculture. Quand les familles trouvent de l'intérêt à multiplier , elles n'ont pas besoin d'y être déterminées par des moyens artificiels. Ces moyens , d'ailleurs , ont souvent l'inconvénient de forcer les proportions, ce qui n'arrive jamais lorsque la multiplication s'opère par le seul attrait des causes naturelles. Je ne veux point dire que ce soit un mal d'encourager la population , lorsque la prospérité se trouve dans un cours d'accroissement progressif, mais c'en est un très-grand, comme je l'ai observé plus haut, lorsqu'elle est stationnaire, parce que, multipliant les consommateurs sans augmenter les objets de consommation, on rend nécessairement l'existence de la nation moins aisée. Nous avons presque toujours fait cette faute en France, et aujourd'hui même encore, c'est une maxime politique généralement reçue, qu'il faut qu'on se marie, pour que l'état soit heureux, tandis que dans les vrais principes, c'est l'état qui doit être heureux pour que les hommes soient portés à se marier. Cette opinion a si bien fait fortune en France, qu'on en a fait une affaire de morale. Parle-t-on d'un célibataire, on dit de lui : c'est un homme inutile à l'état ; mais lorsque la population a le malheur d'être plus forte que la masse de subsistance destinée à la nourrir, un consommateur célibataire n'est-il pas beaucoup moins à charge à l'état, qu'un consommateur qui a de la famille ? Et lors même que la subsistance offre un excédent sur la population, est-il bien sûr que le célibataire, naturellement dissipateur, consomme moins que l'homme marié toujours économe par nécessité ? Ces fausses idées, sur le célibat, sont empruntées, je pense, du gouvernement militaire, à qui il importe avant tout, d'avoir des hommes, dussent-ils manquer de subsistance, parce que si le territoire de la patrie leur en refuse, ils en iront prendre chez leurs voisins, et que les fruits de la terre appartiennent par-tout au courage. Dans ces sortes de gouverne-

mens, sans doute le célibat doit être sévèrement proscrit, et toutes les institutions civiles et politiques doivent porter au mariage ; mais il n'en est pas de même
dans un état manufacturier. S'il faut quelquefois
y encourager les mariages, c'est qu'une circoms-
tance extraordinaire, une peste ou une guerre , aura
enlevé à la nation une partie des bras nécessaires au
maintien de sa prospérité, mais les encouragemens doivent cesser aussi-tôt que le mal aura été réparé. A Rome,
toutes les lois invitaient au mariage, et cela devait
être. Ces lois même, à cet égard , étaient admirables, et devraient servir de modèles chez nous, parce
que dans ce moment nous nous trouvons dans un
des cas dont je viens de parler, et je ne doute pas
que si elles étaient ordonnées subordonément aux
encouragemens que réclament l'agriculture et le commerce, elles ne produisissent en peu de tems les plus
salutaires effets.

Je ne veux point conclure de ce que je viens de
dire , que le système militaire favorise mieux que
tout autre le développement de la population , car la
guerre a aussi ses revers ; et une nation, trop chargée de population, qui fonde sa subsistance sur la fortune de ses armes , s'expose souvent à périr de
faim ; les disgraces de la guerre ne sont pas même la
seule chose qu'elle ait à redouter ; une calamité non-
moins redoutable , c'est l'absence de toute récolte
dans le pays qu'elle aurait destiné à sa nourriture.

Rome,

Rome , dans le cours de ses prospérités , éprouva ces divers genres de fléaux ; sa puissance commençait à peine à naître, qu'un excès de population la força de former des colonies , quoiqu'à cette époque elle eût certainement adopté le systême d'agriculture le plus parfait pour elle ; et par la suite, lorsqu'il lui arriva d'essuyer quelque revers dans la guerre , ou qu'elle ne pût tirer des grains de l'Afrique ou de la Sicile , où elle s'approvisionnait d'ordinaire, elle vit très souvent son territoire ravagé par la peste et la famine.

En général toute puissance qui ne peut pas se passer des autres pour sa nourriture, est par sa nature incapable de développer sa prospérité dans un ordre régulier et durable; elle pourra bien , quoique placée sous une circonstance aussi défavorable, arriver au rang de puissance première , soit par la faute des gouvernemens voisins , soit par la supériorité de son systême d'économie politique, mais elle ne pourra jamais s'y maintenir ; car pour que cela fût possible, il faudrait ou que les récoltes chez elles fussent toujours complettes, et la nature n'a point cette constance, ou que les nations fussent toujours en paix entr'elles , ce qui serait un bien plus grand miracle. Le seul moyen qui lui resterait d'éloigner sa chûte, ce serait de conquérir comme puissance militaire , ou de former autour d'elle autant de colonies que le permettrait la nature des choses, pour se faire un appui contre les gouvernemens dont elle gênerait la prospérité ; c'est ainsi que la Grèce menacée toujours par les armes de la Perse, dut plus d'une fois son salut au secours de ses colonies d'Asie (1). L'Angleterre se trouve précisément dans le cas de la puissance dont je parle ; quoiqu'elle soit, comme toutes les autres nations de l'Europe, montée sur un systême de manufactures, et par conséquent commerçante, elle est pourtant aussi sous un certain rapport puissance militaire : qu'on jette un coup-d'œil sur ce qu'elle est aujourd'hui, et on verra comme cette misérable petite isle, destinée par la nature à la dépendance , a su grossir son patrimoine d'une manière effrayante, soit par des conquêtes, soit par des colonies ; elle a certainement, comme puissance artificielle, suivi le systême qui convenait le mieux à sa prospérité et à sa gloire; mais ce qu'il y a de plus étonnant dans son prodigieux aggrandissement, c'est qu'il se soit fait tranquillement sous les yeux des puissances continentales qu'elle menaçait d'écraser : je dis écraser, car elle s'est trouvée assez forte pour méditer la conquête de l'Europe; et avant que la France devint, libre, il ne lui a peut-être manqué, pour réaliser ce projet , que d'avoir ses colonies plus près d'elle.

Il n'y a vraiment en Europe que la France qui soit une puissance indépendante dans toute l'acception

---

(1) Voyage du Jeune Anacharsis, tom. III, pag. 152.

qu'on donne à ce mot : territoire fertile , hommes industrieux , matières premières de fabrication, elle a tout ce qu'il lui faut pour n'avoir besoin d'aucune puissance, et toutes ont besoin d'elle : s'il lui manque aujourd'hui une certaine portion de numéraire pour la circulation intérieure de ses productions , il ne faut regarder cette pauvreté que comme l'effet d'une circonstance particulière , et comme un mal qui disparaîtra nécessairement par l'application des remèdes convenables. Mais avant de les indiquer, il est indispensable de développer la natur et l'étude du mal même.

La guerre, décrétée subitement, entreprise par enthousiasme , et exécutée avec tous les bras de la nation , a fait en France tout le mal qu'elle devait faire dans un pays manufacturier , c'est-à-dire, qu'elle a ruiné les manufactures , anéanti l'agriculture, et diminué la population. C'est toujours un grand mal que la guerre dans un pays commerçant, parce qu'elle interrompt nécessairement le commerce intérieur, et que cette interruption affecte la prospérité nationale jusques dans ses fondemens ; mais c'en est un bien plus grand , quand elle vient comme une tempête : dans le désordre , tout ce qu'on trouve sous sa main est bon ; on veut des ressources pour le présent, qu'importe l'avenir ; mais on ne voit pas que si la paix ne vient pas de suite, on s'expose ou à la faire honteuse, ou à continuer la guerre aux dépens de la prospérité de la nation. C'est pour cela que le décret,

qui a envoyé aux armées les laboureurs et les manufacturiers, a été très-funeste à la France. Je sais que
cette mesure lui a donné d'innombrables armées, et
qu'elle l'a mise en état d'exécuter les choses les plus
surprenantes, comme puissance militaire : cela est
beau dans le sens d'une nation conquérante qui remplit le monde de sa gloire, et ne calcule sa puissance
que sur le nombre des peuples qu'elle a subjugués,
mais non dans les idées du philosophe qui n'estime les
conquêtes que ce qu'elles valent d'accroissement réel
à la prospérité du conquérant. D'ailleurs, je prou-
verai, quand on le voudra, que la population de la
France, à l'époque da la requisition, était assez forte
pour qu'on n'eût pas besoin de dépeupler les campagnes et les manufactures, et que nous aurions été tout
aussi en état de donner la loi à l'Europe, si cette belle
conception eût été mieux dirigée, c'est-à-dire, si
l'on s'était formé la moindre idée du parti immense
qu'on pouvait en tirer.

J'ai dit plus haut que dans un état quelconque, la
guerre extérieure ruine toujours l'agriculture ; cette
assertion vraie en général, offre pourtant une exception en France, où la guerre, loin d'avoir nui à l'a-
griculture, lui a au contraire été favorable à une
certaine époque, mais cela tient à une circonstance
bien particulière et unique peut-être dans l'histoire ;
c'est pour cela qu'il n'est pas inutile d'en parler.

Ce qui fait que la guerre nuit en général à l'agriculture, c'est qu'elle interrompt, comme je l'ai dit, le commerce extérieur : l'effet de cette interruption est de laisser sans ouvrage une foule de manufacturiers ; et comme le laboureur ne cultive que dans la proportion des demandes qu'on lui fait, sitôt que le consommateur diminue les siennes, la prospérité de l'agriculture rétrograde : c'est ce qui aurait dû arriver en France ; mais par le plus étrange renversement de principes, au lieu que dans l'ordre naturel c'est aux particuliers à entretenir le gouvernement, le gouvernement devenu riche, se chargea d'entretenir les particuliers devenus pauvres ; il se mit en conséquence, comme consommateur, à la place des individus, et s'adressa directement à l'agriculteur. Ce dernier n'eut plus affaire qu'à un consommateur, mais à un consommateur aux demandes duquel il ne pouvait suffire ; car on sent aisément qu'un gouvernement qui s'établit le pourvoyeur général de l'état, doit mettre, soit dans la quantité, soit dans le prix des choses qu'il commande, beaucoup moins d'économie que les particuliers.

Aussi dès ce moment, quoique la consommation eût réellement beaucoup diminué par suite de l'émigration, l'agriculteur cultiva-t-il plus de terres qu'il n'avait fait jusqu'alors. On défricha des landes où la charrue n'avait jamais pénétré de mémoire d'homme. Si sous l'influence des causes les plus extravagantes, l'agriculture a fait un pas si prodigieux vers son perfectionnement , que ne serait-elle pas sous la puissance d'un système qui développerait ses progrès dans un ordre régulier, et tel que l'avouerait la sagesse ? Mais de tout tems, au lieu d'améliorer notre sol, nous avons eu pour maxime de tirer des grains de l'étranger, chaque fois que les productions territoriales se sont trouvées insuffisantes pour nourrir la masse actuelle de la population : qu'est-il arrivé de-là ? que nous nous sommes mis en tems de guerre à la merci de nos ennemis , et que nous avons favorisé l'agriculture étrangère aux dépens de la nôtre. Il n'y a jamais qu'un seul cas où il soit permis à une nation de se livrer à ce genre de commerce extérieur ; c'est celui où l'agriculture , arrivée aux dernières limites de sa perfection , ne peut plus suffire au maintien de la population ; mais quel est le pays en Europe où elle soit pervenue à ce point ? y en a-t-il un où elle ait atteint seulement son moyen terme ? Les importations de grains dans un pays où l'agriculture est encore imparfaite, sont donc une branche de commerce qui doit être sévèrement proscrite, d'abord parce que les nombreux capitaux qu'elle exige, s'ils étaient appliqués à l'agriculture nationale, serviraient à l'améliorer , ensuite parce qu'il n'y a pas de genre de fléaux auxquels une nation ne soit exposée , quand l'existence de sa population est ainsi subordonnée aux caprices de ses voisins ou à l'irrégularité des saisons. Ne sommes-nous pas nous-mêmes un exemple terrible de cette vérité ? Si l'agriculture chez nous avait été développée sur les principes que je viens d'établir, la France aurait-elle vu ses villes et ses campagnes désolées par une famine cruelle ? Que devenaient ces immenses cargaisons de grains envoyées des Etats-Unis ? la proie de nos ennemis ; et le peuple français mourait de faim sur la terre la plus fertile du globe.

Il faut que notre territoire soit toujours en état de nous faire vivre, quelle que soit la chance heureuse ou malheureuse des récoltes ; sans cela il n'y a point de vraie liberté. Et que ferions-nous donc si les états qui nous servent de greniers, imitaient la Chine, et n'admettaient aucune nation étrangère à la participation de leurs richesses territoriales ? Il faudrait bien que nous apprissions à nous passer de leurs secours. La France n'est point faite pour être à la merci de ses voisins ; elle porte en soi de quoi assurer son entière indépendance ; mais pour qu'elle pût en jouir, il faudrait, dans le système actuel d'économie politique de la France, une réformation complette de ses vices anciens et nouveaux, et ces vices, je vais les indiquer dans l'ordre qu'ils se lieront à mon sujet.

Dans tout état manufacturier, l'intérêt de l'argent détermine le prix des choses, et ce qui détermine le taux de l'intérêt de l'argent, c'est la proportion entre les bras et les capitaux. Quand un manufactunier emprunte de l'argent pour faire une entreprise, c'est le profit réel que peut lui rapporter cet argent qui règle l'intérêt qu'il consent de payer au prêteur. Si les bras, c'est-à-dire les ouvriers, sont rares, ils se feront payer cher, et l'entrepreneur aura peu à gagner ; il empruntera donc au plus bas intérêt possible ; si au contraire les bras sont communs, la concurrence fera que les ouvriers se contenteront de salaires modiques, et l'entrepreneur, dont le gain sera alors énorme, empruntera à tel intérêt qu'exigera le capitaliste. On regarde communément la cherté de la main-d'œuvre comme une chose funeste, et comme la cause du renchérissement des denrées ; c'est elle au contraire qui amène une diminution dans leur prix. Quand le salaire des ouvriers est modique, les marchandises ne sont pas moins chères ; mais c'est l'entrepreneur qui a tous les profits. Dans un état bien gouverné, la population doit suivre le développement de l'industrie nationale à quelque distance, c'est-à-dire qu'il faut que les bras soient toujours au-dessous des capitaux dans une certaine proportion. Quand les choses sont ainsi, l'intérêt de l'argent tombe toujours de lui-même au-dessous du taux légal, et l'on peut regarder comme une règle générale, que toutes les fois qu'il augmente, c'est qu'une fausse détermination du gouvernement ou tout autre événement, aura mis les bras au niveau ou au-dessus des capitaux.

En France l'intérêt de l'argent est aujourd'hui porté à un taux si exhorbitant, que l'histoire n'en offre pas d'exemple ; car à Rome, dans le tems de la plus fameuse usure, il était de 12 pour 100 par an, et chez nous il est de 48. Cependant il ne devrait pas être si haut ; car si les capitaux y sont rares, les bras n'y sont guères plus communs, et ces derniers n'excèdent certainement pas les autres dans une aussi grande proportion que semblerait l'indiquer la cherté de l'argent. D'un autre côté les marchandises nationales manufacturées sont plus chères qu'en 1789, relativement à la qualité, et cela ne devrait pas être non plus, car la masse d'argent qui circulait en France en 1789, et la consommation ont à-peu-près diminué dans une proportion égale, et cette circonstance aurait dû laisser les choses dans le même état qu'en 1789 : je m'explique : dans un état, la masse des pièces métalliques en circulation, et les objets qui composent la consommation générale, doivent se représenter si exactement, qu'avec la totalité de l'une, on puisse acheter la totalité de l'autre. Si par une circonstance quelconque il arrive, par exemple, que la masse d'argent diminue de moitié, le prix des choses doit aussi diminuer de moitié, c'est-à-dire qu'avec un écu on doit se procurer la même quantité de marchandises qu'on avait autrefois avec six francs ; mais s'il arrive, comme en France, que les deux termes soient altérés dans la même proportion, le prix des choses doit rester le même : cependant , comme je viens de le dire , les objets manufacturés sur-tout , sont beaucoup plus chers qu'en 1789 ; il faut certainement qu'il y ait dans le système actuel d'économie politique de la France , des causes destructives bien fortement agissantes, pour tarir ainsi toutes les sources de la richesse publique chez le peuple le plus industrieux de la terre , et sur le sol le plus propre à la multiplication des capitaux.

Si les principes que je viens d'établir sont vrais , comme je le pense, la raison du mal doit être dans la soustraction journalière d'une partie plus ou moins forte du numéraire qui reste en France. Je crois pouvoir le prouver de la manière la plus évidente, et faire voir en même tems que de toutes les manières de ruiner un état manufacturier, il n'en est ni de plus sûre, ni de plus expéditive que de ne pas attirer dans la circulation générale, tous les capitaux , ou de les appliquer à une destination étrangére,

A en juger par l'abandon de toutes les manufactures et l'inactivité du commerce , on peut, sans craindre de se tromper, avancer que la France possède aujourd'hui moitié moins de numéraire qu'elle n'en avait avant la révolution ; et certes, c'est mettre les choses bien bas que d'admettre une circulation d'un milliard ; mais je le suppose. Dans cet état, tous les capitaux doivent être scrupuleusement voués à l'industrie nationale ; car il s'en faut déja de moitié qu'ils répondent aux besoins de la consommation, et toute mesure qui tendrait à en distraire encore quelques portions, serait évidemment très-pernicieuse.

C'est pourtant ce qu'on a fait en France, non pas une fois, mais dans toutes les circonstances où il a été question d'augmenter le revenu public ; c'est-à-dire que les moyens qu'on a pris pour l'améliorer, sont précisément ceux qui le ruineront ; car ils sont destructeurs de la fortune publique, et on ne ruine pas la fortune de l'état, sans ruiner aussi son revenu. La France payait avant la révolution, de 560 à 580 millions de contributions, sur le pied d'une circulation de deux milliards, et aujourd'hui elle en paie 616 millions ; il est vrai que son territoire est augmenté ; mais je suppose la somme des impôts actuels égale à celle des contributions de 1789 ; de bonne foi le gouvernement pense-t-il que le même peuple puisse supporter avec moitié moins de numéraire, autant de taxes directes ou indirectes que lorsqu'il avait une circulation complette de capitaux ; il est de mon devoir de lui faire voir combien sont fatales à la France de pareilles déterminations, et de lui prouver qu'il est impossible que sous un aussi faux système de taxations, non-seulement la prospérité de la France puisse croître, mais même qu'elle ne rétrograde pas d'une manière sensible.

Les contributions publiques étant un impôt levé

sur les richesses métalliques des individus, doivent être aussi faibles que possible , c'est-a-dire précisément ce qu'il faut pour subvenir aux dépenses de l'état ; car la prospérité publique n'augmentant que dans la proportion des capitaux mis en circulation , il est clair d'abord que plus on en distrait, moins la prospérité s'accroît ; si ensuite il arrive que l'on en demande beaucoup plus que le peuple ne peut réellement en payer, la prosperité decroîtra rapidement ; le gouvernement pourra bien être riche , mais les particuliers seront infailliblement dans la misère : c'est que les contributions doivent suivre la prosperité publique, mais non jamais la devancer. En France au contraire , on les a assises sur des données qui n'existaient plus, c'est-à-dire sur une richesse nominale et territoriale qu'elle a perdue, et qu'elle ne peut recouvrer que lentement. Il fallait nous mettre en état de payer nos contributions avant de les exiger , et pour cela, il y avait un moyen aussi sage qu'infaillible , c'était de la fixer d'abord à 400 millions, et en partant de cette base, de la mettre dans un cours annuel d'augmentation, pendant vingt ans, je suppose, jusqu'à ce qu'elle eût atteint la somme nécessaire aux besoins de l'état. Ce mode était le seul qui convînt à la France, parce qu'il favorisait le développement progressif de sa prospérité , et que, sur une augmentation annuelle de prospérité , le peuple supporte sans peine un accroissement annuel de contributions.

Mais jusqu'à ce tems, dira-t-on, quelle ressource laissiez-vous au gouvernement pour subvenir aux dépenses de l'état ? Je réponds que dans mon plan ses dépenses se trouveraient réduites de moitié au moins, et qu'avec 400 millions et de l'économie, il subviendrait à tout, beaucoup plus facilement qu'il ne le fait aujourd'hui avec un revenu de 616 millions.

Il y avait encore un autre moyen, c'était d'ordonner que l'impôt foncier ne serait payable qu'en nature pendant douze ans : comme sous ce mode de perception l'état aurait affermé ses revenus, cette circonstance aurait donné à des maisons un crédit assez fort pour créer un papier qui aurait servi d'auxiliaire à l'argent, et permis de laisser dans la circulation le peu de numéraire qui s'y trouve.

Cet impôt foncier est si fort, que dans beaucoup de départemens, il égale et surpasse même le revenu des terres (1); cela suffit certainement pour déterminer les propriétaires à se défaire de leurs héritages ; mais il s'y joint une autre cause aussi forte, c'est l'intérêt considérable que l'on tire de l'argent dans la société, sous la forme de prêt, double circonstance sous la-

---

(1) Je me propose, dans un autre Ouvrage, de démontrer combien sont vicieuses les bases qui ont servi à asseoir la contribution foncière, et d'indiquer un mode de répartition tel, que tous les Départemens paient dans la proportion du revenu exact de leur territoire.

quelle il me paraît impossible que l'agriculture ne succombe pas très-promptement ; car si , d'un côté, les terres ne peuvent faire vivre les propriétaires , et si de l'autre , le plus faible capital qu'ils en pourront tirer par la vente , les met dans une grande aisance , est-il raisonnable d'espérer qu'ils ne prennent pas le parti le plus avantageux à leurs intérêts, et ce parti n'entraînera - t -il pas la ruine complette de l'agriculture ?

Mais l'excès des contributions en France n'est pas la seule fausse mesure qui enlève des capitaux à l'industrie nationale ; il y en a d'autres qui , proportionnellement, lui sont plus funestes encore, et à la tête de celles-là , je mets la loterie nationale : je passe sous silence l'immoralité de cet établissement ; cela est assez prouvé pour n'avoir pas besoin de l'être encore. Je veux considérer cette institution sous le rapport de l'influence qu'elle exerce sur les capitaux , c'est-à-dire, sur la fortune publique.

Dans un état manufacturier , tous les capitaux doivent être rigoureusement appliqués aux manufactures et à l'agriculture ; c'est par ces canaux qu'ils doivent circuler dans l'état pour être profitables à la société ; s'ils prennent une autre destination , ils ne s'améliorent pas, et une nation qui se contenterait de jouer avec les siens sur la place , au lieu de les faire travailler dans le commerce , ne les augmenterait pas d'une obole, jouât-elle mille ans ; ce sont-là les pre-

miers élémens de la science de l'économie politique :
il suit de là que toutes les fois que le gouvernement
attire vers une autre destination des fonds qui doivent être appliqués au maintien des manufactures, il
paralyse l'industrie nationale dans la proportion des
capitaux qu'il a détournés ; et si cette fausse mesure
se trouve répétée un certain nombre de fois, il est
impossible qu'une nation, quelle que soit la fertilité de
son sol et le génie actif de ses habitans, ne tombe bientôt dans la misère. Quel avantage le corps législatif
a-t-il donc trouvé dans le rétablissement de la loterie ?
celui de subvenir aux besoins de l'état ? d'abord cette
manière de lever les contributions, est la plus odieuse
de toutes ; ensuite, qu'est-ce que délivrer une nation d'un genre de fléau, en l'affligeant d'un autre
plus grand encore ? est-ce donc pour le présent seulement qu'il faut travailler ? et l'abus, pour être lu-
cratif, cesse-t-il d'être un abus ? On fait un bien
présent, dit-on ; mais une prospérité apparente n'a
amais été une prospérité vraie : n'est-ce pas imiter
dans ses désordres le particulier qui, pour acquitter
une petite dette, en contracte une grosse ? Je vous
le demande à vous, qui avez pu consentir au rétablissement de cette fatale institution : lorsque vous
avez établi le système financier de la France sur de
pareilles bases, avez-vous cru votre ouvrage solidement assis ? N'en doutez pas, il tombera en ruine
dans les mains de vos successeurs, et quand ils vou-

dront appliquer au mal les remèdes convenables, ils trouveront, dans ceux que l'abus nourrissait, des résistances qui ébranleront l'état.

Je sais qu'on a dit que la destruction de la loterie en France ne nous avait pas rendus plus sages, et que nous placions sur les loteries étrangères, au lieu de jouer sur les nôtres, mais cela n'est pas vrai ; ce qui entretenait et ce qui entretient encore les loteries, c'est le peuple, et le peuple n'a ni le tems, ni la facilité d'aller chercher la corruption, il faut qu'elle vienne le trouver.

Ah ! si l'on voulait procurer des ressources à la France, manquait-on de moyens dans un pays qui en offre d'inépuisables ? Un gouvernement qui veut augmenter le revenu public, commence par augmenter le revenu particulier, c'est-à-dire, la prospérité publique, et la prospérité publique s'accroît par l'amélioration de l'agriculture, l'activité des manufactures et la création de nouvelles branches d'industrie. Quand les impôts sont ainsi tirés de la perfection du système économique, loin qu'ils foulent le peuple, ils sont une preuve qu'il jouit de la plus grande prospérité. Qu'on jette les yeux sur la France, et l'on verra si toutes les branches de son économie politique ont atteint ce degré de perfection ; elles en sont très-loin, et elles s'en éloigneront encore bien davantage, si le gouvernement ne s'empresse de renoncer

cer à des moyens aussi fatals au crédit public qu'à la morale.

Mais, va-t-on me dire, cette soustraction de capitaux, dont vous vous plaignez tant, n'a point les conséquences funestes que vous annoncez ; le gouvernement attire bien à lui les fonds de la circulation, mais il les lui rend promptement ; ils ne séjournent jamais dans ses mains, cela est vrai ; mais il les repompe presqu'aussitôt qu'ils y sont rentrés, pour les lui rendre encore : c'est cette navette que font les capitaux, qui empêche qu'ils ne puissent être appliqués à l'agriculture et aux manufactures, et il ne faut pas attribuer à d'autres causes la ruine où elles tombent journellement.

Après la loterie nationale, les maisons de jeu sont le chancre qui dévore le plus de fonds ; l'homme, qui ne les a pas visitées, ne peut se faire une idée de l'argent qui s'y engouffre ; mais qu'y fait-il ? Que passer et repasser mille fois dans une soirée, des mains d'un joueur dans celles d'un autre ; n'est-ce pas comme s'il était perdu pour la circulation ? Que dis-je, les joueurs se feraient un scrupule de détourner un denier du jeu; c'est entr'eux un article de religion (1).

---

(1) Tout le monde connaît la réponse que fit, il y a quelque tems, une joueuse. Elle avait gagné 400 louis au jeu ; son tailleur vient le lendemain matin lui demander un à-compte sur ce qu'elle lui devait : vous savez bien que je n'ai point d'argent, dit-elle à sa

D

Je n'attaque pas non plus ces maisons comme funestes à la morale publique, quoiqu'assurément, dans la balance des choses, la morale doive être de quelque poids, mais elles enlèvent une foule de capitaux, et c'est sous ce rapport qu'elles font un mal plus incalculable encore. On ne peut nier que si le gouvernement, au lieu de les tolérer, les poursuivait sans relâche, elles ne jouassent beaucoup moins ; il faudrait qu'elles veillassent à leur sûreté, et les précautions exigent du tems ; mais le mal a encore une cause plus éloignée : dans un état manufacturier, le système d'économie politique doit être conduit de manière que les capitalistes trouvent plus de profit à placer leurs fonds dans des entreprises, que dans les tontines et les maisons de jeu ; en France au contraire, par le résultat des plus fausses mesures, il y a tout à perdre dans les opérations de commerce, et beaucoup à gagner dans les établissemens les plus destructeurs de la fortune publique ; par exemple, à Paris, les fonds placés dans les maisons de jeu, rapportent aux bailleurs, régulièrement, cinq pour cent d'intérêt par mois ; des personnes, dignes de foi, m'ont assuré que cela allait souvent bien au-delà. Comme la tolérance du gouvernement donne à ces établissemens une sorte de solidité, il faut vraiment

---

femme de chambre ; qu'il s'en aille. Mais, madame, vous avez gagné hier 400 louis : oh ! oui, mais cela est sacré.

des protections pour y placer ses capitaux. Est-ce le commerce qui peut entrer en concurrence avec des gains, aussi é normes, lui, dont les bénéfices n'ont jamais excédé cinq pour cent par an, et n'est-il pas raisonnable de craindre que sous l'influence de pareilles causes, il ne soit anéanti sous peu d'années?

Il y a une troisième cause qui n'enlève pas moins de capitaux à l'industrie, c'est l'agiotage, espèce de trafic qui consiste à jouer sur la place, des effets publics ; commerce infâme que tout le monde rougit de faire, et que tout le monde fait pourtant, parce que le besoin de vivre passe avant l'honneur. Je m'étonne que le gouvernement n'ait pas cherché les moyens d'arrêter les progrès de ce mal. Si une loi déclarait que toute vente d'effets a terme serait nulle, à moins qu'il ne fût prouvé par des registres ou un titre quelconque, que le vendeur, dans le tems du marché, en avait la propriété, je pense que l'agiotage diminuerait beaucoup. Je sais que les gens delicats ne se croiraient pas pour cela dispensés d'être fidèles à leurs engagemens, mais il y a si peu de cette espèce d'hommes parmi ceux qui font ce métier, qu'une pareille disposition rendrait nécessairement les opérations plus rares.

Ce moyen a été employé avec le plus grand succès à Amsterdam, à une époque où l'avidité et l'esprit de calcul avaient fait des actions de la compagnie des Indes, un objet de trafic et de spéculation. Ce genre de commerce tomba tout-à-coup,

Certes , si l'agiotage , si les loteries et les maisons de jeu sont funestes à la prospérité d'un pays qui jouit d'une circulation de capitaux complette , combien ne doivent-ils pas l'être à une nation où la disette des capitaux laisse déja la moitié des manufactures dans le plus déplorable abandon ; je dis la moitié , je devrais dire la presque totalité ; car , dans toute l'étendue de la France, il en est peu qui n'offrent le spectacle d'ouvriers sans travail et sans pain. Il ne faut pas qu'on se laisse éblouir par l'espèce de magnificence qu'étale la capitale ; que fait l'opulence de la capitale, si les autres parties de la république végètent dans la misère ? La vraie richesse d'un état est dans l'abondance des provinces ; et d'ailleurs si l'on y regarde de près, qu'est-ce que ce luxe de Paris ? les femmes n'y portent rien de vraiment beau , point d'étoffes riches , de choses de prix , qui annoncent une nation opulente ; quant aux hommes , ils ne sont vêtus que de choses manufacturées à l'étranger. L'Angleterre , à la faveur de la contrebande , passe chez nous tant d'espèces de marchandises , qu'à voir l'abondance avec laquelle elles y circulent , et la rareté des nôtres , on croirait vraiment que ce sont les denrées nationales qui sont sous la loi de prohibition : il serait difficile d'imaginer le tort qu'un pareil désordre fait à nos manufactures ; le petit village de Roubai, proche Lille, qui occupait jadis quatre cents ouvriers à la fabrication des piqués communs, n'en

a pas fabriqué une seule pièce depuis onze mois ; je
cite en passant cet exemple, j'en citerais mille au besoin.

A toutes les causes qui enlèvent des capitaux à
l'industrie nationale, j'ajouterai le mode des séquestres
tel qu'il est aujourd'hui. Il faut la réunion de tant
de ci constances, pour en obtenir la levée, les
formes judiciaires sont si lentes, si difficiles, que
ceux qui ont des rentes ou des pensions sur
les biens séquestrés, ne peuvent parvenir à faire
liquider leurs droits. Je ne considère pas ici le tort
que cela fait à de nombreuses familles qui se trouvent tout-à-coup précipitées dans la misère, quoique
cette considération soit de quelque poids, je ne parle
ici que du mal qui en résulte pour l'état sous le rapport des capitaux, dont la circulation se trouve privée ; car, pendant le tems qu'exigent ces éternelles
formes, le produit métallique des fermages reste entre
les mains des fermiers qui ne le font pas circuler ; il
passe ensuite dans les caisses nationales, et la circulation en est encore privée ; outre cela, les biens sont
généralement mal tenus, et l'agriculture, sous ce systême imparfait de culture, dépérit dans la même
proportion que les manufactures.

Mais le plus grand mal que toutes ces causes réu-
nies ont fait à la prospérité de la France, c'est d'avoir
introduit la falcification dans les marchandises nationales manufacturées ; nos draps, nos casimirs, nos
chapeaux, et sur-tout nos rubans, sont altérés dans

leurs qualités d'une manière plus ou moins fort, et cela a dû arriver pour ne pas augmenter leur prix ancien. Voilà ce qui trompe les hommes peu clairvoyans ; comme ils trouvent que ce prix est à peu-près le même qu'il était en 1789, ils ne vont pas plus loin ; ils ne voient pas qu'une diminution relative dans la qualité de ces marchandises, est une augmentation réelle dans leur prix. Le tort que fait cette falcification, n'est pas seulement de diminuer la consommation nationale, mais d'enlever à la nation ses consommateurs étrangers, dans les différentes branches de commerce qu'elle entretient au-dehors: la rubannerie chez nous en était une très-importante. Que le gouvernement compare l'état où elle se trouve aujourd'hui avec ce qu'elle était jadis, et il verra que nous perdrons infailliblement cette branche, ainsi que toutes les autres, s'il n'apporte au mal de prompts remèdes ; sa racine est dans l'absence du numéraire ; il faut donc que l'argent, qu'une défiance universelle, ainsi que les causes que je viens de développer, retiennent depuis si long-tems dans l'inaction, soit enfin rendu à la circulation, et qu'il redonne du mouvement à tout ; que les arts, la culture et les manufactures soient ranimés, et que les consommations reprennent leur ancien cours ; et ce qui peut seul amener cette heureuse révolution, c'est une diminution, dans les impôts et la destruction de toutes les causes qui enlèvent des capitaux à l'industrie. Dans le gouvernement d'une nation, rien de plus délicat à manier que l'économie politique , et dans cette dernière, rien qui demande plus de lumières que le système des impôts. Malheureusement la plupart de nos législateurs sont trop neufs dans cette science difficile , et leur apprentissage coûte cher à la nation ; leur faute commune vient de ce qu'ils considèrent isolément chacune des parties qui forment le système financier , sans voir les rapports qu'elles ont toutes entr'elles ; le résultat de cette erreur est une discordance générale dans les mouvemens de la machine politique , et une rétrogradation nécessaire de la prospérité publique.

Si le mal que fait une mauvaise loi sur le commerce, se présentait subitément au législateur dans toute son étendue , il serait épouvanté de ses conséquences ; il verrait souvent une branche d'industrie anéantie, des manufacturiers ruinés, des ouvriers sans travail, et des familles sans pain ; mais comme une fausse détermination est rarement suivie immédiatement du mal qu'elle produit toujours , il en arrive tant d'autres dans l'intervalle, qu'on ne sait plus à qui imputer le mal, et c'est ainsi que les fautes du passé sont rarement utiles à l'avenir.

On observe que la science de l'économie politique est la seule que le génie de la liberté n'ait pas encore su développer en France ; elle est cependant la plus utile au genre humain, mais elle n'a pas fait un pas chez nous ; même plan, mêmes moyens, toujours mêmes fautes ; rien n'a changé à cet égard. Est-il question d'améliorer les finances, vîte on propose des réformes, et toujours des réformes ; mais les réformes n'améliorent le revenu de l'état qu'en ce sens, qu'elles en diminuent les dépenses; mais quand le système pèche par sa base, les économies ne sont que des palliatifs ; j'aime d'ailleurs beaucoup mieux un abus indifférent qui nourrit cent familles, qu'une réforme inutile qui les ruine.

Je ne cesserai de répéter au gouvernement que dans le système d'économie politique, sur lequel toutes les nations de l'Europe sont aujourd'hui gouvernées, il n'y a de prospérité durable que celle qui est fondée sur un bon système de finance ; avec lui une nation résiste à tous les évènemens, quels qu'ils puissent être, sans lui, elle n'a qu'une existence précaire. La monarchie en France a péri par les finances ; l'Angleterre succombera bientôt sous le poids de son énorme dette; c'est l'intérêt de ses finances qui a forcé l'empereur à faire la paix avec nous, la Prusse à se retirer de la coalition, et la Russie à respecter notre indépendance ; enfin nous avons forcé l'Europe à nous demander la paix ; pour ne jamais cesser de lui faire la loi par les armes, soyons toujours en état de la lui donner par les finances.

CHAPITRE III.

Du Luxe dans un Gouvernement libre et manufacturier.

C'EST une chose bien digne de l'attention d'un philosophe, que cette diversité d'opinions sur le luxe, c'est-à-dire sur un des plus importans objets de la législation des peuples. Entendez ce moraliste, le luxe est la ruine des familles et la perte des états ; cet économiste il est la source de toute prospérité ; ce théologien , la religion le proscrit comme contraire à la morale. Au milieu de tant de sentimens opposés, les hommes d'état ont fort affaire de trouver la vérité ; et quand il leur arrive de commettre quelqu'erreur dans le gouvernement de leur nation, il faut leur savoir gré de n'en pas faire d'avantage. La cause de cette variété d'opinions vient, je pense, de ce que les uns ne considèrent le luxe que dans ses conséquences morales, les autres dans ses résultats sur la richesse des nations ; en n'envisageant ainsi la question que sous un seul point de vue, on la traite nécessairement mal ; on donne des convenances pour des principes, des préceptes particuliers pour des théories générales, et c'est ainsi que sous l'influence des plus fausses doctrines, une nation reste quelquefois des siècles entiers sans obtenir le plus léger accroissement de prospérité.

C'est tout-à-la-fois dans ses rapports avec la morale et avec la richesse des états, c'est-à-dire sous ses avantages et ses désavantages qu'il faut envisager le luxe, et c'est ce que je vais faire aussi rapidement que le permettra l'importance du sujet.

La France étant essentiellement manufacturière ; j'ai déja dit que dans un état ainsi constitué, la grande fin de toutes les mesures de ceux qui gouvernent, doit être d'opérer le développement de la population et de la richesse publique, par tous les moyens qui peuvent y concourir ; et certes, le luxe est le plus puissant de tous ; d'abord en multipliant les besoins, il fait naître des hommes pour les satisfaire ; cette augmentation de population détermine le laboureur à cultiver plus de terres qu'il n'avait fait jusqu'alors, et quand l'agriculteur a une existence plus aisée, il consomme plus d'objets manufacturés · ainsi le luxe crée en même tems les hommes et les choses.

Tant qu'il développe l'industrie et la population dans une égale proportion, loin qu'il nuise à l'état, on peut le regarder comme le principe le plus actif de sa prospérité; mais sitôt que, par un dérangement quelconque dans le système d'économie politique, l'industrie vient à s'arrêter, le luxe, allant toujours son train, commence alors d'être funeste, parce que la circonstance qui nuit à l'industrie, affectant toutes les fortunes ordinaires, le luxe se trouve bientôt excéder la proportion commune sur laquelle elles sont établies ; alors viennent les emprunts , les engagemens , les hypothèques , et définitivement la ruine des familles. Quand cela arrive , il ne reste à un état , pour éviter une dissolution prochaine , que deux moyens , une révolution générale, et c'est le parti qu'a pris la France, ou bien la voie des lois somptuaires. Les lois somptuaires sont bonnes , mais elles exigent de la part de l'homme d'état une condition indispensable : c'est qu'en frappant le luxe, il saura cependant en maintenir les manufactures , c'est-à-dire, qu'il devra leur restituer , en consommateurs étrangers, ce qu'il leur aura enleve en consommateurs nationaux. Par exemple , si en France le gouvernement voulait proscrire le luxe des pierreries comme nuisible à l'état dont il fait passer l'argent à l'étranger, une telle mesure ruinerait , sans contredit , la bijouterie dans toute l'étendue de la république ; mais si avant de l'ordonner , il avait soin de procurer aux joualliers , chez l'étranger , autant de consommateurs qu'ils en ont dans l'intérieur , la mesure somptuaire produirait tout le bien qu'elle serait capable de faire, sans ruiner personne. Le remplacement en consommateurs étrangers peut, presque toujours, se faire dans la branche même qu'on frappe ; mais quand cela n'est pas possible , il faut que le gouvernement n crée d'autres qui maintiennent dans la même prospérité, le même nombre d'atteliers, et la même quantité d'ouvriers. Quand la réforme se fait ainsi , on se débarrasse d'un luxe incommode, sans priver la société des avantages qu'il lui procure ; de plus, l'opération n'occasionne ni secousse, ni violence , parce qu'elle blesse peu d'intérêts ; mais si on néglige cette précaution , on mettra infailliblement sans pain une foule de familles , la population diminuera rapidement , et une mesure, qui aurait dû faire le salut de l'état, n'aura été pour lui qu'une calamité de plus.

Mais la France , loin d'avoir aujourd'hui besoin que l'on borne son luxe, offre au contraire le spectacle d'une nation appauvrie dans toutes les branches de son industrie. Pour se convaincre de cette vérité, il n'y a qu'à jeter les yeux sur toutes ses manufactures ; non-seulement elles ont perdu une partie de leurs consommateurs nationaux , mais même tous leurs consommateurs étrangers. Nos modes , particulièrement si recherchées par toutes les nations de l'Europe, ne se maintiennent plus que sur les besoins nationaux ; il en est de même des autres branches de luxe ; qu'on me montre cette foule de domestiques dont s'entourait autrefois l'opulence, cette quantité prodigieuse de vaisselle d'or et d'argent qui couvrait nos tables, ces étoffes précieuses , ces pierreries qui composaient jadis la parure de nos femmes. Quant au luxe de nos maisons , n'est-il pas aussi modeste qu'il peut être chez une nation appauvrie, qui a conservé quelque goût de son ancienne opulence.

Cela n'empêche pas qu'une foule de déclamateurs ne se récrient tous les jours contre les débordemens d'un luxe qu'ils appellent sans exemple, et ne nous fassent dans de fades et inutiles écrits, de pompeuses descriptions de la tempérance des Spartiates, lieux communs de morale rebattue, où se montre à chaque ligne l'ignorance la plus complette des vrais principes sur lesquels doivent être maintenus les états manufacturiers. Ils ignorent donc, ces austères réformateurs, qu'une nation n'appauvrit jamais son industrie sans augmenter celle de ses voisins, et que les richesses étant chez les peuples modernes de l'Europe la source de toute prospérité, il faut être toujours le plus riche, pour être continuellement le plus fort. Nous avons cessé d'approvisionner l'Europe de modes ; un autre peuple s'établira à notre place le pourvoyeur des autres nations dans ce genre de luxe, et sa prospérité s'accroîtra réellement de tout ce que la nôtre aura perdu. D'où vient donc cette disposition générale des hommes pour tout ce qui porte l'empreinte de la sévérité ? N'est-ce pas qu'en outrant les vertus, et en déclamant contre ce qu'on appelle la corruption, on croit se donner du relief ? Ce n'est pas que je veuille nier l'influence du luxe sur la corruption des mœurs ; je sais que l'habitude des jouissances ôte le courage qui les conserve ; elle met à la place de cette force d'ame, de cette vigueur de corps si nécessaire aux nations constituées militairement une sorte d'épuisement physique et moral qui rend incapable de rien de grand et de courageux ; mais il faut observer que dans un état vaste , le luxe se tient presque toujours dans les villes et dans les premières classes ; ses effets moraux atteignent rarement le peuple , c'est-à-dire la partie de la nation destinée à défendre l'état contre les attaques de l'ennemi extérieur. Lorsque le luxe, à Rome, dévorait toutes les familles , les armées soumettaient les Daces, les Pannoniens , les Germains, et reculaient les frontières de l'Empire jusqu'aux extrémités de l'Ethyopie. Elles n'avaient rien perdu de cet esprit militaire , de cette intrépide valeur qui avait élevé Rome naissante à de si hautes destinées. La France elle-même n'a-t-elle pas donné le spectacle d'une nation écrasée sous le poids d'un luxe dévorateur, victorieuse pourtant de tous ses ennemis , et libre de conquérir le monde, si elle n'avait mieux aimer lui donner la paix que des fers? C'est que le luxe qui avait corrompu les grandes villes, avait respecté les campagnes ; la liberté fut heureuse d'y trouver des hommes endurcis à la fatigue et disposés aux privations de tout genre. On fait bien une sédition avec le peuple d'une ville , mais une liberté disputée veut d'autres soldats.

Quand le luxe corromprait encore les campagnes, ce ne serait pas moins une très-funeste mesure que d'en arrêter les développemens, parce qu'il est impossible de ne pas le regarder comme une condition indispensable à la prospérité des nations manufacturières. Certes il est chez nous une foule de professions, telles que celles de marchands de modes, de coëffeurs, de faiseurs de perruques et mille autres qu'on aurait rougi d'exercer dans les républiques de la Grèce à l'époque même où la corruption était à son comble ; c'est que dans ces démocraties le luxe était une violation des lois fondamentales de l'état, et que chez nous il est une conséquence nécessaire de notre systême manufacturier. Les métiers dont je viens de parler corrompent il est vrai les mœurs, mais d'un autre côté ils ont l'inappréciable avantage de nourrir de nombreuses familles, et de rendre l'Europe tributaire de l'industrie nationale. Placés comme nous le sommes au milieu de grandes nations commerçantes, il faut tenir parmi elles le premier rang, si nous ne voulons occuper le dernier. D'ailleurs les divers gouvernemens de l'Europe sont, les uns à l'égard des autres, dans une situation bien différente de celle où se trouvaient entre elles les républiques de la Grèce ; ce qui faisait que le luxe était dangereux pour elle, c'est qu'elles existaient ou devaient exister toutes sur un systême militaire. Si une d'elles se laissait corrompre par le luxe, elle était infailliblement subjuguée par un voisin, chez qui l'esprit des institutions guerrières s'était conservé dans toute sa force :

voilà pourquoi il était impossible qu'Athènes ne succombât pas sous les efforts de Lacédémone. Quand elle vainquit à Salamine elle n'était encore que puissance militaire ; elle fut vaincue dès que l'esprit de commerce s'introduisit chez elle, Il aurait fallu qu'Athènes s'interdît la liberté des mers, ou qu'elle ne les fréquentât que comme puissance militaire. Plus je médite ses institutions, plus je vois qu'elles portaient en elles le principe de leur destruction ; elles n'étaient qu'un mélange bizarre de système militaire et de système commerçant. Il arriva même ce qui devait être, que ce dernier prévalut ; dès-lors cette république ne songea plus qu'à acquérir des richesses, et tandis que la majeure partie de sa jeunesse était occupée au-dehors à des expéditions de commerce, les Lacédémoniens arrivèrent, et Athènes cessa d'exister.

Mais l'Europe n'est point dans le cas de la Grèce ; loin d'être constituée militairement, elle est au contraire toute manufacturière, et la guerre ne peut qu'être une calamité pour chacune des nations qui la composent. Tant que les peuples qui y naîtront se formeront sur le plan général de tous les autres, c'est-à-dire qu'ils deviendront marchands, il n'y a rien à craindre d'eux ; c'est ainsi que la Russie qui aurait pu être dangereuse à l'Europe si elle se fût tournée vers la guerre, vient de prendre rang parmi les puissances commerçantes du Nord. Mais

s'il

s'il venait à s'en élever une qui s'appliquât un systême militaire, qui négligeât les arts et le commerce, et suivît son plan avec constance, l'Europe
alors devrait trembler pour sa liberté, et l'intérêt de
toutes les nations serait d'étouffer, dès sa naissance,
ce germe de destruction. La Prusse est née ainsi
presque de nos jours ; conduite par un roi tout à la
fois législateur et guerrier, on l'a vue s'élever en peu
de tems, au rang de puissance première, elle qui
formait jadis le modeste domaine d'un petit prince ;
elle a bien suivi depuis, son système d'aggrandissement ; mais comme elle est devenue trop tôt commerçante et manufacturière, elle n'atteindra jamais au
terme de grandeur où ses premiers succès laissaient
présager qu'elle arriverait.

Au reste, je ne veux point dire que la morale soit
une chose indifférente aux états ; j'ai seulement voulu
indiquer les rapports du luxe avec la prospérité générale de la France telle qu'elle est constituée. Je me
réserve dans le chapitre suivant de traiter plus particulièrement des mœurs publiques et de déterminer
ce qu'elles doivent être dans une république telle que
la nôtre.

E

CHAPITRE IV.

Des Mœurs.

Il n'y a peut-être pas d'idée plus vague dans l'esprit de l'homme, que celle des mœurs. Je n'ai pas lu un seul traité de morale où je n'aie vu un système différent. L'erreur générale de ceux qui écrivent sur cette matière importante de l'ordre des sociétés, c'est qu'ils partent de ce principe qu'on peut conduire un grand peuple comme une famille, de là ces idées de perfection qu'on doit regarder comme les spéculations brillantes de moralistes éloignés des affaires publiques, et aussi étrangers aux passions des hommes qu'à l'art de les gouverner.

D'un autre côté, j'entends dire tous les jours avec beaucoup d'aigreur : une république ne subsiste pas sans mœurs, vous n'en avez pas, vous périrez donc. Avant de répondre, sachons ce que l'on veut dire par mœurs, car s'il se trouvait par hasard que ce que l'on entend par-là, ne fût pas rigoureusement nécessaire au maintien d'une république telle que la nôtre, il en résulterait que nous ne devrions pas nous alarmer de l'arrêt sévère des moralistes.

J'entends, et tout le monde entend, je pense, par mœurs, une disposition générale qui nous porte à

régler notre conduite privée et publique de manière
à ne pas choquer les bienséances reçues, à respecter les mariages, l'innocence, la pudeur, et en
général cette foule de choses qu'on est tacitement
convenu, dans la société, d'appeler du nom de vertu.
Eh bien ! rien de tout cela n'est nécessaire à notre
république pour qu'elle existe même d'une manière
brillante. Il suffira qu'il y ait chez nous cet esprit
national qui fait qu'un citoyen est toujours disposé à
prêter ses bras et ses capitaux au gouvernement sitôt qu'il est menacé soit au dedans, soit au dehors ;
et cette disposition patriotique, ce n'est ni la justice,
ni la tempérance, ni l'amour de l'honnête qui la
font naître ; elle est toujours le résultat d'un ordre
de choses sous lequel le peuple vit dans l'aisance et
où le gouvernement a eu l'art de lier son existence
au maintien de la fortune publique.

Dans la démocratie pure, où la multitude gouverne, sans doute il faut des mœurs, et dans le
sens que nous donnons à ce mot, le législateur doit
fondre pour ainsi dire les esprits dans le même moule,
parce qu'il faut que la pensée du peuple ne soit qu'une.
Mais dans une vaste république commerçante où le
peuple a rarement des rapports bien directs avec la
patrie, et où il ne peut recevoir qu'une éducation
très-imparfaite, les lois renoncent à former les
mœurs publiques sur un plan uniforme. Avant d'apprendre à distinguer le beau du déshonnête et le

juste de l'injuste , il faut que le peuple se procure le nécessaire , car de qui le recevrait-il ? et ensuite comment donner des mœurs pareilles à cette multitude d'hommes si différens qui entrent nécessairement dans la composition d'une immense société ? D'ailleurs l'idée qu'on attache aux mœurs publiques ne varie-t-elle pas elle-même·selon les pays et les tems, et n'est-ce pas souvent les préjugés nationaux qui les fixent ? Dans toutes les villes de la Grèce il régnait un vice affreux, qui nuisait beaucoup aux mariages ; à Athènes les portiques, les places publiques étaient ornés de statues où rien ne voilait la nudité des formes ; à Lacédémone les jeunes gens des deux sexes combattaient nuds, Lycurgue même avait autorisé entre les jeunes garçons une espèce d'amitié qui ressemblait fort à de l'amour ; ce n'était pas là de bonnes mœurs dans l'idée que nous attachons à ce mot, et cependant la Grèce ne s'en trouva pas mal. D'un autre côté, à Rome, dans le tems même des prémiers empereurs, où la morale était fort relâchée, les crimes contre la pudeur étaient punis de la peine capitale. Livie un jour rencontra deux hommes nuds qui sortaient du bain ; ils auraient été condamnés à mort si cette princesse ne les eût excusés en disant que pour une femme sage, un homme nud n'est qu'une statue. Ainsi à Rome les lois punissaient de mort ce que Lycurgue avait autorisé, chez nous les mœurs défendent tout ce qui choque la pudeur, mais les lois n'en punissent pas la violation,

Chaque peuple à ses mœurs, et ce qui les détermine, c'est le climat, c'est la forme de son gouvernement, c'est sa situation topographique ; il entre
nécessairement quelque chose de vicieux dans celles
des nations commerçantes. Un négociant qui voyage
rapporte dans sa patrie des vices étrangers ; le luxe
d'ailleurs dont ces nations ne peuvent se passer cor-
rompt réellement les mœurs, et puis l'habitude du
négoce lui-même rétrécit l'ame et porte avec soi un
esprit d'intérêt, de cupidité et d'égoïsme, qui rend
incapable de rien de beau et de grand. Dans ces
sortes de pays, un peuple nombreux qui ne vit que
sur le faible produit d'un petit trafic, contracte nécessairement tous les vices d'une situation aussi précaire ; il est voleur, fourbe et menteur, voilà pourquoi le Chinois est le peuple le plus fripon de la
terre. Croit-on qu'il soit capable de s'élever aux
idées du juste et de l'honnête ? Il a bien le tems d'être
vertueux ! il faut qu'il vive avant tout. Qu'on ne s'y
trompe pas, c'est la mal-aisance, c'est la difficulté
de se procurer le nécessaire qui donne au peuple
ces vices bas et grossiers que nous lui voyons par-
tout ; aussi on aura beau imaginer de belles théories
sur les moyens de lui inspirer des vertus, on ne fera
que montrer l'insuffisance de la législation si on ne
commence par lui donner de l'aisance, et l'unique
moyen d'y parvenir, dans les pays commerçans,
c'est d'augmenter les branches de l'industrie nationale

E 3

dans une proportion toujours croissante avec la population ; mais tant qu'on abandonnera son existence pour ainsi dire aux jeux du hasard, et qu'on le mettra tous les jours aux prises avec la faim, on peut être sûr que sous un régime aussi barbare, la législation, quelle que soit d'ailleurs la forme de gouvernement, ne fera d'un pareil peuple, qu'une société de maîtres et de valets, d'oppresseurs et d'opprimés.

Tout ce que je viens de dire là ne signifie pas qu'il soit inutile à un peuple d'avoir des vertus, mais seulement qu'elles sont plus ou moins nécessaires selon que la forme de son gouvernement approche plus ou moins de la démocratie pure. Ce qui est essentiel maintenant chez nous, c'est que l'esprit général et les manières qui entrent aussi dans la composition des mœurs, soient réformés sur le plan de l'institution républicaine, car si ces deux choses étaient bien en rapport avec le principe de l'ancien gouvernement, c'est une raison pour qu'elles choquent l'esprit du nouveau. J'entends par manières, cette façon d'être qui fait qu'une nation est enjouée plutôt que grave, frivole plutôt que sérieuse, maniérée plutôt que simple, et polie plutôt que brusque. Ce n'est certainement pas un mal qu'un peuple ait l'humeur sociable, qu'il soit gai, vif, aimable, ces qualités n'excluent ni le courage, ni la franchise ; mais quand l'enjouement dégénère en folie, la politesse en fadeur, et les belles manières en grimaces, je dis qu'un tel peuple nouvellement libre, fût-il sous le gouvernement le plus démocratique, retournera infailliblement à l'esclavage, si le législateur ne prend soin de lui donner d'autres mœurs. Ce qui rend difficiles les réformes de ce genre, c'est que souvent les abus tiennent par quelque côté à des choses excellentes. Par exemple, la politesse est une bonne chose quand elle est l'expression de la sincérité ; je ne sache rien de si méprisable quand elle part de la dissimulation. C'est à elle que nous devions ce goût exquis que toutes les nations nous enviaient et cette douceur de mœurs qui les attiraient chez nous. On peut dire que la politesse était en France une branche de commerce national très-lucrative. Mais vers la fin de la monarchie, elle s'était tellement corrompue, qu'elle n'était plus qu'un commerce méprisable de mensonge et de bassesse.

La politesse vraie est un hommage généreux de la force à la faiblesse et une sorte de correction de l'inégalité physique que la nature a mise entre les deux sexes : quand la politesse n'orne plus les mœurs, on les voit peu à peu se rudir et prendre je ne sais quoi de féroce, comme on voit un parterre brillant retourner de lui-même aux fleurs sauvages sitôt qu'il cesse d'être cultivé par les mains de l'homme. Cependant si la politesse est bonne aux mœurs, on peut dire qu'en les polissant elle les use, elle ne leur donne de l'éclat qu'aux dépens de leur valeur intrinsèque. L'époque où elle s'est introduite chez les nations libres, a toujours été celle de l'anéantissement de leur liberté. Sitot qu'un homme a tant d'égards pour un autre homme, l'équilibre est rompu, il y a un pouvoir au-dessus de la loi. Je ne veux point comparer notre institution politique à celle des anciennes démocraties, mais si la liberté ne nous ramène pas à une politesse plus franche, ce sera une preuve que la république existera sous des formes qui ont le plus puissamment contribué à la ruine de la monarchie.

La politesse affectée n'avilit pas seulement le caractère, elle introduit aussi dans le langage, une foule d'expressions serviles qu'on ne connaît point entre hommes égaux. On peut juger à la langue seule d'un peuple sous quel gouvernement il vit. S'il est esclave, les mots y seront doux et flatteurs, les manières de parler respectueuses, on y sentira partout la présence d'un maître. Mais dans un pays libre où on ne connaît point ces insolentes distinctions de maîtres et de valets, la langue doit être fière et mâle ; la nôtre y perdra peut-être un peu de délicatesse, d'élégance et de finesse, mais elle gagnera en revanche de l'énergie, de la noblesse et une richesse d'expressions et d'images inconnues sous la monarchie, où le respect pour le prince affaiblissait et circonscrivait nécessairement les idées.

Il n'est pas vrai que le climat seul influe sur les

langues , c'est presque toujours le gouvernement qui en détermine le génie. Voyez les peuples qui ont brillé sur la terre par l'éloquence , la langue chez eux a perdu de sa force, à mesure que la liberté elle-même s'est corrompue. A Rome elle s'altéra sous Auguste d'une manière sensible , mais ce fut bien pis sous Tibère ; ce n'était plus un prince jaloux qu'on l'aimât , c'était un tyran furieux qu'on le hait. Aussi quelle bassesse dans le langage ! En France, si la liberté n'y est pas un vain nom , la langue se défera bientôt de ses locutions monarchiques, et prendra aisément l'accent républicain, dans ces assemblées tumultueuses, où des hommes égaux réunis pour discuter leurs intérêts politiques, s'abandonneront à tous les emportemens d'une éloquence populaire.

Après l'excès de la politesse ce que la liberté doit nous faire perdre, c'est cette misérable manie de rire de tout, manie qui donne à toute la nation un air éventé : le mal qu'elle fait, c'est qu'elle entretient chez nous une légèreté de caractère, une inconstance dans les idées tout-à-fait inconciliable avec la liberté qui veut un esprit de suite. Ce n'est point avec les armes du ridicule qu'un peuple défend ses droits lorsqu'ils sont attaqués : d'ailleurs il arrive presque toujours que cette facilité de caractère provoque ou détermine les abus du pouvoir. On connaît ce mot du cardinal Mazarin : il avait établi un nouvel impôt ; quelqu'un lui dit que le peuple murmurait ; chante-t-il demanda le cardinal ? oui, lui répondit-on : eh bien ! il paiera. Cette maladie nationale se nourrit dans ces cercles oisifs où la jeunesse qui débute dans le monde va faire son éducation ; comme les femmes y prennent la folie pour de la gaieté, les minauderies pour de la grace, et l'affectation pour du bon ton, les jeunes gens qui veulent leur plaire forment leurs manières sur ces modèles imparfaits. Les femmes ne tardent point à voir le vice de leur ouvrage. Mais comment le réformer ? leur empire n'est déjà plus ; il survivrait à leurs charmes si elles savaient prévoir qu'elles cesseront d'être jolies ; mais la nature n'a déjà point mis un terme assez court à la beauté, les femmes semblent s'attacher encore à abréger la durée de leur pouvoir ; elles détruisent leurs autels de leurs propres mains, en formant notre esprit aux misérables jeux de l'inconstance et de la frivolité. Pour moi je me plains quelquefois que la nature ait mis chez elles l'époque de la raison si loin de celle de la beauté : à peine dans l'âge de plaire, on ne les aime déjà plus. Heureux, nous les quittons ; l'hommage meurt avec la faveur, et nous renversons l'idole dès qu'il a reçu notre encens.

Ce que je voudrais que la liberté changeât dans nos mœurs, ce n'est ni notre pétulance ni notre enjouement ; car ces sortes de choses ont un côté fort bon ; la vivacité du conseil nous la mettons dans l'exécution ; l'ennemi délibère encore , que nous lui livrons bataille ; y a-t-il sur la terre un peuple qui pense aussi vîte que nous? Aussi faisons-nous dans l'intérieur une révolution complette en vingt-quatre heures. Nos querelles sont rarement sanglantes , elles n'ont jamais le caractère d'atrocité et de vengeance qui distingue les guerres civiles des peuples taciturnes et penseurs. Aussi voudrais-je seulement qu'on renforçât le caractère national de manière à l'identifier un peu plus avec la liberté , je n'exigerais pas davantage , et je pense d'ailleurs que ce serait envain qu'on voudrait pousser plus loin la correction. Ce qui fait échouer les réformes , c'est qu'à des défauts légers , on veut souvent substituer des vertus difficiles. Chez un peuple comme le français , qui n'est pas essentiellement vicieux , un ridicule de moins , sera une vertu de plus. Un autre inconvénient des réformes sans succès , c'est qu'elles compromettent l'autorité ; on lui résiste bientôt dans les choses les plus justes, quand on a pu lui désobéir légitimement, aussi peut-on voir que je me borne à indiquer dans nos mœurs ce qui choque trop fortement l'esprit de notre gouvernement actuel pour attendre sa correction du tems.

Nos mœurs , avant la révolution, étaient à-peu-près ce qu'elles sont aujourd'hui dans toute l'Europe ; diverses causes ont concouru depuis à augmenter leur corruption, et le divorce en est une ; c'est une chose bien digne d'observation, que l'enthousiasme de la vertu produit presque toujours le vice, et l'esprit de perfection, le désordre : toutes les lois faites dans les cinq premières années de la révolution pour la régénération des mœurs en ont précisément amené le relâchement. Les législateurs s'étaient laissé séduire, par je ne sais quel beau moral ; mais la nature humaine qui n'est pas si parfaite, va son train et se moque des fausses combinaisons des législateurs ; ce n'est pas que le divorce ne soit une excellente institution, mais dans un pays où on fait si légèrement les choses les plus sérieuses, il ne faut pas, si je puis parler ainsi, que la loi vous prenne au mot ; elle doit au moins laisser au repentir le tems de naître. C'est à la législation, aujourd'hui qu'on cesse de courir après des perfections imaginaires, à régler les proportions morales dans lesquelles le divorce doit être établi chez nous, pour que les principes ne soient pas sacrifiés aux mœurs, ni les mœurs aux principes. La preuve qu'on n'avait à l'époque dont je parle, que des idées vagues de régénération, c'est que tandis qu'on cherchait ainsi à épurer les mœurs dans l'intérieur des ménages, on ne faisait rien pour arrêter au dehors le désordre de la corruption. Qu'est-ce, de bonne-foi, qu'une république où une armée de filles publiques exerce sous la protection des loix, le plus infâme métier, et se recrute tous les jours d'une foule de jeunes personnes qui n'auraient besoin que d'une loi bienfaisante pour être contenues dans le devoir? Jamais la monarchie ne fut infectée de cette lèpre, comme l'est aujourd'hui la république, et ce n'est point du tout que la dépravation soit plus grande, c'est que dans les cités populeuses, les moyens de vivre sont devenus plus difficiles. Avant la révolution, les modes, la lingerie, la broderie, les fleurs artificielles formaient des branches considérables de commerce intérieur et extérieur. Ces professions, dans les grandes villes, étaient la ressource d'une foule de jeunes filles; la guerre a presqu'entièrement ruiné ce genre d'industrie, et le superflu des bras qui ont cessé d'être employés, a dû refluer dans la société. Ce sont ces jeunes personnes qui tout-à-coup privées d'etat, de travail et de moyens de s'en procurer, se jettent dans le libertinage, ne pouvant faire mieux. Ce ne sont point des lois qu'il faut faire contre l'incontinence publique; des lois de répression ne sont pas du pain ; mais rétablissez le commerce, alimentez les professions de luxe, rouvrez tous les atteliers d'industrie, et vous verrez le libertinage diminuer dans la proportion des ressources que vous procurerez à l'indigence. La débauche n'a par elle-même aucun attrait. Tibère, dans une pareille circonstance, crut devoir assujettir les filles publiques à déclarer devant les édiles, qu'elles avaient l'intention d'exercer le métier de courtisannes. Il espérait que la honte les retiendrait ; mais le décret du sénat n'eut d'autre effet que de rendre le libertinage plus effronté, et l'on vit une femme née d'une des plus illustres familles de Rome, faire hardiment sa déclaration (1). Je ne cesserai de le répéter ; du travail, sans cela, point de mœurs.

La société se maintient journellement sur un capital quelconque, auquel chacun a part selon ses talens et son industrie. Si le capital est modique, la portion de chacun sera mince ; il arrivera même que beaucoup d'individus, sur-tout dans les basses classes du peuple, n'en auront point du tout, soit parce qu'ils n'auront pas d'industrie, ou, ce qui revient au même, parce que leur profession sera tombée, et qu'elle ne pourra plus les nourrir : il faudra pourtant bien qu'ils vivent ; de-là, la mendicité, le libertinage, le vol, les assassinats, et tous les crimes qui déshonorent la société ; cela arrive toujours après une grande révolution qui a anéanti toutes les fortunes ; la foi publique s'altère dans toutes les classes, et l'unique moyen d'arrêter la corruption générale, c'est de procurer du travail à l'indigence, car on n'emploie pour vivre des moyens déshonnêtes, que parce qu'on en manque de légitimes : en France, toutes les classes de la société sont dans ce moment dévorées de la soif d'acquérir ; ce

____

(1) *Nam Vistilia prætoriâ familiâ genita licentiam stupri apud ædiles vulgaverat.* Tacite. Ann. L. II. Chap. LXXXV.

n'est point de l'émulation qu'elles ont, c'est un esprit de cupidité et de rapine ; on aurait rougi autrefois de manquer à ses engagemens ; la honte aujourd'hui est d'être pauvre ; aussi y a-t-il plus de banqueroutes en une semaine qu'on n'en voyait jadis en dix années. Dans les grandes villes le luxe va toujours son train malgré la misère, parce que l'esprit de modération n'est pas naturel aux hommes qui se sont enrichis promptement ; il est si difficile dans la prospérité d'oublier qu'on n'y a pas toujours été ! Ces gens traînent après eux une armée de courtisannes , dont la vanité coûte plus à entretenir, que leur honneur n'a été cher à payer ; l'étranger est mis à contribution pour leur parure ; les femmes honnêtes , de leur côté, n'ont pas moins la fureur de briller ; l'exemple gagne de proche en proche jusques dans les dernières classes, et c'est ainsi que le luxe, précédant toujours la richesse, et s'alimentant d'un fond qu'il n'a pas, finit par détruire tout-à-la-fois la fortune des particuliers, celle de l'état , et la morale publique.

Puisque j'ai commencé à parler des femmes, je vais continuer.

CHAPITRE V.

De l'influence des femmes dans un gouvernement libre.

C'EST une nation bien singulière que celle où la mode a plus de force que les lois, un comédien plus de réputation qu'un grand magistrat, et où l'on est disposé à tout souffrir, excepté la perte d'un plaisir. Un pareil peuple, quoique très-corrompu, est cependant encore capable de se montrer avec éclat sur la scène du monde ; l'art est de réveiller chez lui un reste de fierté et de force de caractère, et malheur aux gouvernemens voisins si c'est vers la guerre qu'on dirige son impétuosité ; c'est un torrent qui renversera tout ce qui s'opposera à son passage. Ces sortes de révolutions ne sont pas rares dans l'histoire du monde ; ce qui l'est, c'est que ceux qui les dirigent sachent profiter de cet effort extraordinaire d'un peuple pour lui donner des mœurs dignes de sa nouvelle fortune. Que servent d'ordinaire tant de travaux et de conquêtes ? qu'à faire le malheur du monde. La nation victorieure rentre dans ses foyers, succombe de nouveau sous l'ascendant des vices qui avaient failli la perdre, et s'endort dans la corruption jusqu'à ce qu'un peuple nouveau s'élève à côté d'elle et la subjugue à son tour. La vraie science du bon-

heur

heur des nations, n'est point de vaincre un moment
Rome, corrompue, a subjugué sous Auguste la moitié
de l'Univers. De quoi lui ont profité ses inutiles conquêtes ? Le principe de sa destruction était dans la
perte de l'esprit national. L'Empire reculait ses frontières, mais il s'écroulait au-dedans. Certes il est
beau dans un élan de courage et de patriotisme d'enchaîner ses ennemis à ses pieds ; mais après cette
victoire, la plus utile, la plus belle est de se vaincre
soi-même. Cet effort est digne de la France. Ce serait
un spectacle nouveau pour l'Univers, et une leçon
bien instructive pour tous les peuples, qu'une nation
conquérante se rajeunissant par de nouvelles mœurs,
et se mettant en état de traverser encore avec éclat
une longue suite de siècles. Cette révolution morale
est moins difficile qu'on ne pense, tant l'art est dans
le choix des moyens.

Dans un état où la mode a tant d'empire, les
femmes en ont beaucoup, cela doit être ; la mode est
née du desir de leur plaire, et ce desir lui-même a dû
naître, sitôt qu'elles sont devenues la source des graces ; mais je n'aime point que dans un état elles aient tant
de pouvoir ; c'est le signe infaillible d'une corruption
générale. Voyez les faveurs qu'on obtient par elles,
rarement elles ont une source pure ; elles vendent
leur influence quand elles n'ont plus d'honneur à
vendre, et ne se mêlent guères des affaires des autres que pour raccommoder les leurs ; d'ordinaire

F

même il arrive que celles dont elles se chargent sont mauvaises, et cela doit être ; car si elles étaient bonnes, qu'aurait-on besoin de leur entremise. Cela introduit dans l'administration des affaires une sorte de trafic honteux, et dans l'état un esprit de vénalité, fléau plus cruel que la guerre. De plus, les femmes sont vaines, tracassières, jaseuses, et quand elles dominent, les hommes, pour les imiter, prennent l'esprit des petites choses et deviennent brouillons, médisans, rapporteurs. Je ne veux point dire par-là que l'on doive se priver du commerce des femmes, il perfectionne le goût, polit les mœurs, forme les manières et entretient dans la nation ce sentiment affectueux de politesse fondée sur les égards que se doivent tous les hommes. On observe même que dans les pays où l'usage n'admet point ce commerce, les hommes sont généralement moins bons qu'ailleurs ; ils sont tristes, cruels, et la plupart adonnés à des vices honteux ; voyez en Turquie, les grands sur-tout y sont livrés aux plus infâmes débauches ; il y a deux choses sans lesquelles, disent-ils, ils ne peuvent vivre : l'eau-de-vie et les jeunes gens. Il ne se fait pas dans ce pays une révolution qui ne soit fameuse par des traits de férocité sans exemple ; cela n'aurait point lieu si les hommes vivaient habituellement avec les femmes, et il n'y a pas de doute que le despotisme lui-même n'eût cessé depuis long-tems de désoler ce malheureux pays, s'il n'avait pris soin de les condamner à une éternelle réclusion.

C'est au commerce des femmes que nous avons dû de sortir les premiers du régime féodal où l'Europe étoit plongée. Elles donnèrent naissance à la chevalerie, institution bizarre peut-être, mais qui a pourtant eu le mérite d'introduire parmi les nations de l'Europe un droit des gens presqu'inconnu jusqu'alors, et de donner à la France particulièrement ce goût et cette politesse de mœurs qui la distinguent encore des autres peuples. Cette institution avait un avantage précieux ; elle exhaltait le courage, donnait aux hommes le goût de la véritable gloire, et dirigeait leurs passions vers un objet utile à la patrie. C'était pour le gouvernement un excellent ressort qu'une pareille institution, et je doute que les anciens que nous surfaisons toujours aux dépens des modernes, en eussent une plus capable de porter aux grandes choses. Chez eux la législation avait pour objet de subordonner toutes les passions de l'homme, à l'amour de la patrie, et ce système est vraiment subversif de celui de la nature, qui veut qu'on s'aime avant tout. Le chef-d'œuvre des lois est de conduire à la perfection de l'ordre social, en se servant des passions humaines, et y en a-t-il une capable de plus de prodiges que l'amour. Cependant l'institution de la chevalerie se corrompit avec le tems. Il s'introduisit dans la galanterie un certain raffinement qui en bannit la vérité. Aimer avait été jusqu'alors un besoin du cœur, les hommes en firent un amusement de l'esprit ; de leur côté les femmes se lassèrent d'inspirer des sentimens élevés. L'amour pour leur plaire s'était paré jusques-là du courage et de la vaillance, elles voulurent que désormais il fût plus tendre que guerrier, plus galant qu'estimable : dès-lors il ne fut plus capable de produire rien de grand, il énerva les ames, corrompit les mœurs et ne servit plus à couvrir entre les deux sexes qu'un commerce passager d'infidélité et de libertinage.

Cette révolution dans les mœurs en amena une dans le caractère général de la nation, il devint léger et frivole ; la galanterie avait été l'art de plaire, elle devint celui de séduire. La politesse des mœurs passa dans les manières, on mit la cérémonie à la place du sentiment, et le ridicule à la place dés grandes choses, de là les vertus les plus estimables traitées de travers ; le goût lui-même fut entraîné dans le torrent général ; ce qui était beau parut trop simple ou trop sévère, et par-tout le faux remplaça le vrai ; la langue sur-tout s'altéra d'une manière sensible ; au lieu de peindre avec force, on peignit avec finesse ; on ne ressentait plus de grandes passions, on n'en exprima que les nuances ; bientôt vinrent les petits mots, les allusions fines, enfin naquit ce jargon à la mode aujourd'hui dans nos petites sociétés, jargon qu'on veut bien appeler du nom de galanterie ; mais qui n'est que le jeu misérable de l'esprit et de la fausseté.

Depuis la naissance de la chevalerie, non-seulement les femmes, en France, ont donné le ton aux mœurs, mais on les a vues régner dans le domestique, dans les cercles, et jusques dans les cabinets politiques : une telle influence, utile peut-être à entretenir sous la monarchie, peut-elle se concilier avec la liberté ? Il y aurait sans doute de la lâcheté à opprimer un sexe qui n'est point notre égal par la force, mais y a-t-il moins de faiblesse à le laisser dominer et à lui céder un droit que la nature n'a voulu donner qu'à l'homme ? Si l'idée d'un maître dans le ménage choque nos préjugés et détruit le bonheur domestique, le despotisme est-il moins odieux parce que c'est la femme qui l'exerce, et n'est-ce point assez que celui que la nature a fait le plus fort, veuille bien renoncer en faveur du plus faible au droit d'être maître, et consentir au partage égal de l'autorité ? Les asiatiques qui commandent à dix et vingt femmes à la fois, se moquent avec quelque raison de nous, qui n'en pouvons gouverner une. Ils tyrannisent ce qu'ils aiment, mais nous, nous en sommes esclaves. Cet ascendant qu'elles ont pris sur nous ne serait peut-être pas un mal, s'il était bien dirigé, mais le malheur est qu'elles tournent les goûts et les affections générales vers tout ce qui peut rétrécir le génie national et l'empêcher de se porter aux grandes choses. Lorsque leur volonté se trouvera en opposition avec celle de la loi, à qui des deux obéirons-nous ? on le devine, je n'ai pas besoin de le dire ; c'est donc une chose très-importante que la législation sache leur inspirer de l'esprit national ; et si elle y parvenait, je ne doute pas qu'il ne se fît promptement une grande révolution dans l'opinion générale de la nation. Cette jeunesse si misérablement abâtardie, qui prend le ton républicain pour un travers, et qui croit du bon air d'affecter le mépris de la patrie, viendrait d'elle-même se ranger sous ses drapeaux, dès que ce ne serait plus un travers de s'y faire voir ; la jeunesse abandonnée à sa propre influence, n'est point faite pour aimer la tyrannie ; tout ce qui sent l'indépendance a des charmes pour elle, et elle sera libre par goût, quand elle pourra l'être sans ridicule ; je dis ridicule, car les femmes en ont fait un de ce qu'il y a de plus sacré chez toutes les nations, l'amour de la patrie ; mais il y a deux choses qu'on ne ridiculise jamais, ce sont là victoire et le courage.

C'est vers les femmes que le législateur doit tourner sa réforme, puisque nos vices et nos vertus sont leur ouvrage. Mais ce n'est point par des lois de répression qu'il en assurera le succès : ce sexe habitué à en donner, n'est point fait à en recevoir. De quelle utilité furent-elles à Rome après les guerres civiles ? La corruption cependant était à son comble. Il ne restait dans les femmes aucune trace de

cet esprit national qui avait animé autrefois les Ve-
turie, les Volumnie et tant d'autres illustres Ro-
maines; l'exemple d'un luxe ruineux, des mœurs
infâmes, étaient le seul héritage qu'elles laissassent à
leurs enfans; Auguste fit des lois sévères, mais on
s'en moqua et le débordement alla son train; pour
opérer une réforme de cette nature, c'est à la vanité
des femmes qu'il faut s'adresser. Quand on lit l'histoire de la Russie, on admire l'étonnante prompti-
tude avec laquelle le czar Pierre premier, civilisa
ce pays; il flatta le goût des femmes en s'occupant
de leur parure, et des esclaves devinrent en peu de
tems des dames capables de le disputer par le goût, le
luxe et les graces aux nations les plus policées de
l'Europe.

La première chose que le gouvernement aurait à
faire pour amener cette heureuse révolution, ce serait de rendre au luxe son ancien éclat, et heureusement le goût des femmes se trouve ici d'accord
avec l'intérêt de l'état. Qu'on ne s'y trompe pas, ce
qu'elles regrettent de la monarchie, n'est point le
gouvernement d'un seul; ce sont les occasions de
briller qui étaient plus fréquentes, c'est une sorte de
considération qu'elles n'ont plus, des hommages,
un empire enfin, que les grands intérêts de la révolution et les distractions de la guerre ont beaucoup
diminué. Rendez-leur ces frivoles jouissances dont
leur vanité aime à se repaître, l'objet essentiel est

de diriger leur influence ; on ne réussirait point à la leur enlever, car l'esprit de galanterie forme encore le goût dominant de notre nation. Si quelque chose cependant avait été capable de le faire disparaître entièrement de nos mœurs, c'était d'abord la tendance de la révolution vers la démocratie pure, ensuite l'habitude des camps et le long séjour de la jeunesse française sur des territoires étrangers. Mais soit que la constitution de l'an 3 se soit un peu rapprochée des formes monarchiques, soit que les habitudes nationales survivent long-tems à la perte des lois politiques, le caractère de la nation n'a point changé à cet égard. Les mœurs anciennes reprennent peu à peu leur ascendant ; c'est le même fond avec un vernis différent. Nos riches modernes eux-mêmes qui auraient pu conserver long-tems encore leurs manières simples et bourgeoises, se plient merveilleusement au ton du jour. C'est une chose curieuse que le soin qu'ils prennent de se montrer royalistes dans toutes les sociétés où il est du bon ton de l'être ; ce n'est point qu'ils le soient en effet, mais ces sortes de gens ont naturellement l'esprit d'imitation, et puis quand ils se plaignent, ils laissent soupçonner que la révolution leur a enlevé un rang, une fortune, de la naissance, et cela flatte leur vanité.

Les femmes en général ont accueilli, comme les hommes, la liberté avec transport. Une grande nation qui se lève unanimement contre l'oppression et renverse une tyrannie de douze siècles, offre un spectacle si nouveau, si grand ! qui ne s'énorgueillirait de lui appartenir? Qu'on se rappelle ces premiers beaux jours de la liberté française, quel enthousiasme général ! Ce qui refroîdit celui des femmes, ce fut d'abord l'etablissement de la démocratie, gouvernement en général peu favorable à leur influence, et ensuite le choix des personnes de leur sexe que l'on prit pour composer le cortège habituel de la liberté. C'était pour la plupart des femmes perdues de débauche, des rebuts de coulisses ou de maisons de corruption ; soit vanité, soit pudeur, on rougit d'associer aussi mal ses hommages. Les femmes ne virent plus dans la liberté qu'une institution qui les humiliait, et l'esprit national se perdit chez elles. Quel était donc le but de ceux qui gouvernaient alors ? espéraient-ils inspirer le goût de la démocratie aux riches en leur offrant dans des femmes du peuple des exemples de patriotisme ? mais c'était mal connaître le cœur humain ; dans l'ordre ordinaire des choses, l'esprit d'imitation ne monte pas, il descend des premières aux dernières classes, aussi cela ne produisit-il rien ; ont fit des lois de sang qui n'eurent pas plus de succès ; les femmes préférèrent la mort au sacrifice de leur vanité.

J'ai presque toujours vu les meilleures lois manquer leur effet, parce qu'elles étaient présentées avec trop peu d'adresse et de ménagement. Pour moi je ne connais qu'un moyen d'inspirer aux femmes de l'esprit national, c'est d'intéresser, comme je l'ai dit, leur vanité à ce changement. Il n'est pas même impossible en s'en servant adroitement, d'amener par elle une réforme dans leurs mœurs. Véspasien voulant remédier au désordre de la corruption, donna une fête à laquelle furent invitées les premières familles de Rome. Mais lorsqu'elles se présentèrent il fit publiquement refuser l'entrée aux femmes dont la conduite était connue pour être scandaleuse. Cet exemple de sévérité de la part d'un prince qu'on savait attaché par goût aux mœurs anciennes, fit pendant quelque tems plus de bien qu'on n'aurait pu en attendre des plus sévères lois. Chez une nation où les mœurs n'ont plus assez d'attraits par elles-mêmes, la vanité est le seul moyen qui reste de contenir les femmes dans le devoir.

Beaucoup de personnes pensent que l'établissement de la censure ramènerait chez nous le goût des bonnes mœurs. Cela pourrait être ; cependant il resterait à décider si la censure instituée à Rome, pour prévenir leur corruption, aurait chez nous le pouvoir de la détruire ; les bonnes institutions conservent bien les bonnes mœurs, mais les corrigent-elles quand elles sont mauvaises ? Je conçois qu'une petite république renfermée dans l'enceinte d'une ville, ait une police de mœurs sévèrement observée, chacun est plus près l'un de l'autre, les exemples ont plus de force, et on n'ose être le premier à en donner un mauvais. Mais cela est différent dans un grand état, le gouvernement a bien assez de veiller à l'éxécution des lois.

Au reste, les moyens que je viens d'indiquer pour inspirer aux femmes l'amour de leur pays, et amener la réformation de leurs mœurs, ne peut regarder que la génération présente : si l'on veut qu'elle soit complette, il faut attaquer le mal dans sa racine, c'est-à-dire dans leur éducation. La postérité s'étonnera que dans le pays du monde où les femmes ont le plus de pouvoir, on ait fait tant de lois inutiles pour l'éducation des hommes, et qu'on ne se soit pas même occupé de celle des femmes. Qu'espère-t-on cependant de la manière dont elles sont élevées ? Dressées dès l'enfance à la dissimulation et à la frivolité, elles entrent dans le monde sans savoir ce qu'il faut pour s'y bien conduire. Seront-elles capables de se porter à des affections nobles et grandes, elles qu'on a nourries dans l'oubli de la patrie et le mépris des choses le plus respectables ? Je répète et je ne cesserai de répéter qu'on n'aura rien fait en France pour la république, si l'on ne change leur éducation. Nous aurons un gouvernement libre, des lois, des institutions républicaines, mais les femmes nourriront en nous l'esprit, les goûts, le ton, les manières de la monarchie, et la république, malgré tout ce qu'on aura fait pour la rendre durable, succombera nécessairement sous leur influence.

Puisque j'arrive à l'éducation ; j'en veux parler tout à mon aise.

CHAPITRE VI.

De l'éducation générale en France.

La France s'est donnée un gouvernement libre, cela ne suffit pas; il est question de recréer par-tout l'instruction publique, de façonner au régime de la liberté la génération qui naît, et de fondre ses habitudes, ses inclinations, ses mœurs dans le moule républicain; si cela n'est pas, on n'aura fait que plâtrer la tyrannie, il faudra toujours être armé contre elle; mais ce n'est point la force qui naturalise la liberté dans un pays, ce doit être l'ouvrage de l'éducation. Un étranger qui arriverait en France ne voudrait pas croire que depuis huit ans nous sommes libres, et que la jeunesse est encore élevée chez nous à peu près comme elle l'était sous la monarchie. Qu'attendre cependant de jeunes gens pétris des préjugés de la vieille éducation, et dressés dès l'enfance au mépris de la république; qu'on ne s'y trompe pas, si elle s'est maintenue jusqu'à présent chez nous, c'est qu'une institution neuve tire toujours de sa jeunesse assez de force pour résister aux plus violentes secousses; mais quand l'édifice commencera à vieillir, que deviendra-t-il, si on ne l'a pas assis sur de solides fondemens ? Dans les républiques anciennes, on avait tellement senti l'influence de l'éducation sur la prospérité des peuples libres, qu'elle faisait une partie essentielle de la législation. A Lacédémone même et dans plusieurs autres villes libres de la Grèce, un père ne pouvait élever son enfant comme il lui plaisait, chacun surveillait l'éducation de tous ; c'est que dans un état libre, les enfans sont à la république avant que d'être à leurs parens.

Mais dans un gouvernement tel que le nôtre, l'éducation doit-elle se régénérer sur le modèle des républiques anciennes, quels sont ses justes rapports avec la liberté, et que doit-elle être pour qu'elle ne se trouve jamais en-deçà ni au-dela de l'esprit de l'institution politique ?

J'ai vu sur cet objet beaucoup de théories brillantes, de systêmes ingénieux, de projets séduisans, c'est toujours la plus belle chose du monde, mais c'est toujours la plus inexécutable. Outre le plaisir de faire un beau rêve, il y a aussi celui de créer un systême, voilà pourquoi il y a tant de conceptions sublimes et si peu de bonnes idées ; les gens qui aiment si passionnément tout ce qui est extraordinaire, dédaignent les choses simples ; c'est le goût qui manque à ces hommes ; ils ne voient pas que la nature a généralement placé le beau dans des proportions moyennes, et que pour être sublime il faut être comme la nature ; il n'est pas difficile d'étonner par des pensées gigantesques, ce qui l'est c'est, de surprendre par les choses que tout le monde aurait dites ou pensées. Le beau idéal est une mer sans rivage ; il y a mille manières d'être hors de la nature, il n'y en a qu'une de convaincre, c'est d'être vrai. Il en est de ces systêmes hardis à peu près comme de ces immenses pyramides, monumens de l'orgueil des hommes. Le philosophe qui les contemple s'étonne qu'on ait pu sacrifier tant d'années et de bras à élever des magnificences aussi inutiles.

Il faut distinguer en France deux sortes d'éducation, l'éducation publique et l'éducation particulière : je parlerai d'abord de la première. Lorsque le législateur a institué les écoles primaires, il a eu deux objets en vue : par le premier il a voulu que le peuple fut instruit de bonne heure à aimer la patrie, c'est-à-dire son gouvernement ; par le deuxième, qu'il sut quelques-unes de ces choses qui sont indispensables dans le commerce habituel de la vie, comme lire, écrire et compter ; il n'a point dû s'en rapporter à cet égard aux parens, qui peuvent manquer de soins ou de moyens, mais ces choses une fois sues et inspirées, la tâche du gouvernement est finie, les élèves rentrent dans la grande classe pour y prendre une profession, cela les regarde uniquement, l'état ne s'en mêle pas : l'institution a eu en vue la patrie et non les hommes, elle veille à la conservation de la chose, c'est aux individus à assurer la leur.

On voit par là que chez nous l'éducation publique finit précisément où commence le besoin d'un état, au lieu que dans les anciennes républiques, la vie était une continuelle éducation. Leur unique objet étant la guerre, l'état voulait avoir de bons soldats: que lui aurait fait des artisans habiles, des commerçans intelligens et des cultivateurs instruits? Toute espèce de profession, hors celle des armes, y était méprisée; un citoyen ne devait savoir que se battre. Si à Athènes les hommes libres pouvaient exercer des professions mécaniques, c'est qu'Athènes placée sur les bords de la mer, était destinée par la nature à n'être que commerçante, et qu'elle n'eût jamais été que cela, si l'ambition de ses voisins ne l'eût forcée d'être guerrière. Mais cette circonstance n'empêchait pas que la première éducation n'y fût toute militaire. A Lacédémone même pour que les citoyens ne s'occupassent que du métier des armes, l'état se chargeait de les nourrir; il n'en était pas tout-à-fait de même à Rome, cependant les jeunes gens au sortir des écoles publiques allaient achever leur éducation dans les camps. Toute la vie était militaire dans cette république, on ne respirait que conquêtes dans Rome, et le monde entier a malheureusement trop su que cette puissance n'avait que la guerre pour objet.

Mais dans une république montée comme la nôtre sur un système de manufactures, le législateur a dû chercher

chercher à combiner l'éducation pour l'intérêt de la liberté et celui de la prospérité manufacturière et agricole. En effet, si elle était trop longue, les jeunes gens ne pourraient prendre de métiers, les écoles seraient pleines et les atteliers vides ; si elle était nulle , l'esclavage renaîtrait bientôt : il a pris un terme moyen extrêmement sage ; il a voulu que les enfans passassent à s'instruire l'âge où ils ne peuvent être utiles ni à leurs parens, ni aux manufactures, ni à l'agriculture. Le peuple ne puisera pas dans les écoles primaires de vastes lumières, mais il recevra au moins les élémens des premières connaissances humaines, et conséquemment une sorte de capacité pour gérer les affaires publiques. Dans un état libre tel que le nôtre , qui n'a point pour base l'égalité des fortunes, mais l'égalité des droits politiques , il est important de balancer l'autorité de la richesse par celle de la multitude, ce qui ne peut guères se faire qu'en donnant au peuple assez de lumières pour connaître et défendre ses droits. A Rome la liberté ne se soutint contre la tyrannie des riches, que par le goût inconcevable que le peuple avait pour les affaires publiques ; nous ne sommes pas précisément dans le cas des Romains, mais je les cite ici parce qu'il y a toujours entre les peuples libres des rapports de proportion plus ou moins éloignés.

Règle générale, dans toute espèce d'état l'éducation est bonne quand elle se trouve en harmonie avec le principe qui constitue le gouvernement ; il faut donc que chez nous elle se rapproche de la liberté dans la proportion que notre code politique s'en est rapproché lui-même ; et si elle n'arrive pas là, ou qu'elle dépasse cette borne, elle sera inévitablement vicieuse ; car au lieu de former les hommes pour le gouvernement qu'ils ont, elle les élèvera pour celui qu'ils n'ont pas.

Vers la fin de la monarchie, l'éducation, par une suite de la corruption de l'institution politique, avait souvent les formes républicaines ; à des préjugés monarchiques, on associait des idées de liberté, on mêlait le sacré avec le profane, l'étude de l'histoire romaine avec celle de l'histoire de France ; mais ce ne fut jamais impunément. Je n'oublierai pas quelle exhaltation produisait dans les collèges la réprésentation de *la Mort de César* ; les enfans, comme les grandes personnes, s'émeuvent par les spectacles, mais l'impression est bien plus profonde et plus durable chez eux. Indépendamment de ce vice, l'éducation avait celui de n'être point du tout liée au principe de l'état. Vous vous apperceviez, en entrant dans le monde, qu'on ne vous avait rien appris de ce qu'il fallait que vous sussiez pour avancer près du prince, près des grands ou près des femmes. Vous aviez de la science, mais point de cette politesse aisée, de ces manières nobles, de cet esprit de galanterie, qui, dans les monarchies, sont la source de toutes les distinctions ; il fallait recommencer de nouveau son éducation , et oublier bien vîte de bonnes choses qui ne menaient à rien , pour en apprendre de frivoles qui conduisaient à tout.

C'est pour éviter cet inconvénient que j'aurais désiré que les enfans de tous les citoyens eussent été obligés de commencer leur éducation par celle des écoles primaires ; cela n'aurait ni contrarié le vœu de la constitution, ni heurté bien rudement nos mœurs et nos habitudes actuelles, et il en serait résulté de grands avantages. Ce n'est vraiment que dans les écoles publiques qu'on forme des citoyens ; là le riche confondu avec le pauvre, prend sans peine les manières modestes de l'égalité ; c'est une image du gouvernement paternel où tous les enfans sont élevés en commun ; mêmes soins , même instruction, mêmes exemples ; on n'y voit rien qui distingue, qui sépare, tout y est confondu. Ce premier germe d'égalité jeté dans les esprits de tous les enfans, les riches l'auraient porté dans les écoles supérieures, où il se serait développé, et aurait produit un peuple d'hommes vraiment libres.

Je ne puis m'empêcher de regretter que cette pensée ait échappé au législateur ; ce n'est point ici un rêve brillant, une idée métaphysique, c'est une chose fondamentale et si facile dans la pratique, qu'il n'aurait fallu qu'un simple acte de la volonté législative pour la faire exécuter dans toute l'étendue du territoire français.

Si chez nous l'éducation générale se bornait à ce qu'enseignent les écoles primaires, la tâche du gouvernement serait infiniment facile à remplir, parce qu'il serait le maître absolu de diriger son système d'une manière invariable et si simple, que rien ne pourrait le contrarier que ses propres faits ; il n'aurait, pour ainsi dire, qu'à porter ses soins sur le choix des instituteurs publics, et à veiller à ce qu'ils n'enseignassent rien de contraire aux mœurs et à la liberté ; dans cette marche uniforme, les enfans, les instituteurs, les parens, tout obéirait de soi-même à l'action du gouvernement, et l'éducation publique arriverait très-vîte à toute la perfection qu'elle serait capable de recevoir ; mais le gouvernement a de plus à surveiller l'éducation particulière, et c'est là que commence véritablement son embarras, parce que les hommes qui en sont chargés ne dépendant pas immédiatement de lui, peuvent, de mille manières, échapper à sa surveillance, et s'écarter, plus ou moins fort, de l'esprit de l'institution politique, sans que la police, quelque vigilante qu'elle soit, puisse les convaincre de corrompre leurs élèves, ou même être instruite de leur infidélité. Pénètrera-t-elle dans le secret des familles ? sont-ce les parens qui dénonceront le coupable ? il sont ses complices. Ce qu'il faudrait trouver, c'est un système d'enseignement public, tellement combiné, qu'il enlaçât , pour ainsi dire, tous les établissemens particuliers d'instruction, et ramenât toute espèce d'éducation, sous l'influence du gouvernement.

J'en propose un qui réunit tous ces avantages ; le voici :

Rétablir sous une autre dénomination les universités, dont les professeurs seront à la nomination du gouvernement ;

En créer deux par chaque département ,

Et attacher des bourses à dix des plus considérables. Voilà tout le système ; qu'on me permette de le développer.

Les bourses sont une excellente institution , car elles font que tous les citoyens, royalistes et républicains, de quelle que secte qu'ils soient, se disputent l'avantage de procurer à leurs enfans une éducation gratuite : plus d'opposition, plus d'esprit de parti, tout le monde se rapproche de la république, quand on a un intérêt si grand de n'en point rester éloigné.

Ensuite l'instruction étant publique dans les universités , tous les directeurs de pensionnats particuliers trouvent un grand intérêt à y envoyer leurs élèves suivre les cours qui y sont établis , parce que l'instruction n'y coûte rien ; cette dernière circonstance ramène toutes les éducations sous la direction du gouvernement. Et qu'on ne croie pas qu'il en coûterait un denier à l'état pour la création de ces établissemens ; chacune des universités aurait des pensionna res payant pension, et le gouvernement trouverait dans cet objet de quoi pourvoir largement aux honoraires des professeurs, et se couvrir de la dépense que coûterait au trésor public le maintien des bourses.

Il a été fait au corps législatif plusieurs rapports sur l'éducation particulière, et il y en a qui offrent d'excellentes vues ; mais je n'ai vu dans aucun qu'on ait eu l'idée d'amener ainsi sans violence, et par le seul motif de l'intérêt, les instituteurs particuliers, à charger le gouvernement d'une partie de l'éducation de leurs élèves ; on s'y borne à multiplier les précautions de police pour empêcher que l'abus ne pénètre dans les pensionnats, sans penser qu'il entrera par la porte qu'on n'aura pas défendue, parce que les pensionnats, quoiqu'on fasse pour les perfectionner, sont, par leur nature, trop peu liés au gouvernement, pour être jamais propres à recevoir un bon système d'éducation nationale, si on les abandonne à leur propre direction. Tout ce que pourront faire les défenses unies à l'action de la police, c'est de rendre les écarts aussi rares que le permettra la nature des choses ; mais quelle vigilance cela n'exigera-t-il pas de la part du gouvernement ? et n'est-ce pas déja un grand vice que de charger ainsi de détails l'autorité supérieure ? Le caractère des bonnes institutions est de se maintenir par la seule force des choses, comme chaque partie d'un édifice immense se soutient sans le secours des étaies, lorsque l'architecte a su les lier toutes étroitement entre elles.

Un autre vice qui m'a frappé dans ces plans, c'est qu'on y néglige trop la partie des honoraires des instituteurs nationaux. C'est fort beau en spéculation de supposer tous les hommes désintéressés ; mais le sont-ils et peuvent-ils l'être ? Dans un pays où l'argent est la mesure de toutes les considérations, où rien ne se meut que par la force de ce levier, c'est se tromper étrangement que de penser que les professeurs se contentent de gloire. Veut-on en avoir de bons, qu'on les paie bien ; cela a déja été dit mille fois, mais il faut le répéter jusqu'à ce qu'on l'ait bien entendu.

Il y aurait mille choses à dire sur les conditions qui doivent former l'éducation nouvelle ; mais l'espace manque à un sujet inépuisable ; je me bornerai à quelques vérités fondamentales. Tout ce qui composait, dans l'éducation ancienne, le système religieux et politique, doit être entièrement refondu. Quant à la partie de l'enseignement proprement dit, je ne pense pas que le gouvernement ait le droit de rien prescrire à cet égard ; toutes les méthodes lui doivent être indifférentes ; il peut bien empêcher l'enseignement de ce qui blesse la constitution ;

mais ce qui y est conforme, il ne peut pas ordonner qu'on l'enseigne d'une manière plutôt que d'une autre. En un mot, le fond est soumis à sa surveillance, mais la forme n'est pas de son ressort.

Quel que soit le système de direction qu'on adopte à l'égard des tablissemens d'instruction, il faut que l'éducation publique et l'éducation particulière s'accordent tellement, qu'elles aient les mêmes bases, l'amour de la patrie; sans cela la république avortera infailliblement. L'amour de la patrie est un sentiment qu'on peut inspirer aux pauvres comme aux riches, et il ne faut pas pour l'avoir, passer dans des écoles supérieures.

J'aime ce respect qu'on avait à Lacédémone pour la vieillesse, l'état y gagne toujours; on ne peut aimer les vieillards sans chérir la patrie, qui est plus ancienne qu'eux. Il n'en était pas de même à Athènes, où ils étaient peu considérés. Les jeunes gens à Sparte semblaient prévoir qu'ils vieilliraient; à Athènes, qu'ils seraient toujours jeunes : ce peuple était si vain ! C'est le propre de la vanité, de ne se persuader jamais qu'on reculera vers la faiblesse et l'enfance. Nous ressemblons un peu à ce peuple, et ce ne serait pas un mal que l'éducation mît chez nous la vieillesse un peu plus en honneur. Pourquoi, dans une république, s'attache-t-on à inspirer des vertus aux hommes, c'est qu'il est de la nature de ce gouvernement de se soutenir plus par les mœurs que par les lois et la force ; sous le despotisme , on n'y regarde pas de si près ; le despote met ses volontés à la place des vertus , et la crainte à la place de l'amour. Cette manière de gouverner serait certainement la plus commode , si elle n'était toujours la plus dangereuse.

Il y a des gens qui sourient de pitié quand vous leur parlez d'inspirer des vertus au peuple : cela ne m'étonne pas ; presque toutes ces personnes qui croient que la multitude ne peut être conduite que par la crainte , avaient aussi sous la monarchie leur petite portion de tyrannie à exercer ; et quoiqu'elles fussent soumises elles-mêmes au pouvoir arbitraire, elles regrettent bien plus le droit qu'elles ont perdu d'opprimer, qu'elles n'estiment celui qu'elles ont acquis de résister à l'oppression.

C'est au gouvernement à triompher de toutes les résistances qui lui opposeront les préjugés monarchiques et religieux, et ce malheureux esprit de routine peut être plus fort que tous les autres obstacles ensemble.

Ce qui doit l'encourager , c'est que dans les provinces, sur-tout , le peuple commence à goûter les fêtes républicaines Dans les grandes villes, où on juge ce qui est bon par ce qui est bienséant, et ce qui est bienséant par ce qui est de bon ton , les institutions nouvelles prendront un peu plus difficilement ; mais le tems triomphera aussi des préjugés de la mode. Dans dix ans tous les jeunes gens seront nés depuis l'établissement de la république ; tous les vieillards seront morts ou près de mourir ; qui se souviendra d'avoir vu la monarchie ? Disons un mot sur les fêtes républicaines.

CHAPITRE VII.

De quelques institutions relatives aux Fêtes nationales.

LES lois tracent aux hommes leurs devoirs, les institutions les leur font aimer. Il y a dans toute espèce de gouvernement des institutions ; le despotisme lui-même a les siennes. Dans la république elles ont pour objet de faire aimer la liberté ; sous le despotisme, de la faire haïr, chose qui n'est pas impossible, témoin ce peuple de l'Indostan qui voulut brûler des voyageurs, parce qu'ils lui assuraient qu'en Europe il y avait des pays gouvernés sous des formes démocratiques. Dans les états où un seul homme commande, toutes les institutions sont dirigées vers la religion ; le gouvernement ne pouvant se faire aimer, cherche à se faire craindre ; et puis un peuple qui est souvent occupé avec le ciel, ne voit pas à côté de lui les entreprises de la tyrannie. Comme l'extrême dévotion ne va jamais sans une grande ignorance, le peuple, sur-tout dans les pays soumis au despotisme, n'a aucune espèce d'instruction : s'il y avait un homme éclairé, il lui prendrait peut-être envie de conspirer contre la gouvernement ; aussi n'est-ce pas seulement le peuple qui ne sait rien, les grands eux-mêmes y sont d'une honteuse ignorance. Un pacha, à la première audience d'un de nos consuls, lui demandait dernièrement, d'un air fort grave, s'il y avait des cerises en France, et si nous savions nous bâtir des maisons. Avec de pareils hommes, un despote peut aller son train, et continuer à faire trancher des têtes, sans avoir rien à craindre pour la sienne.

Nous n'avons point encore en France une fête dont on puisse dire elle restera ; cependant dans un état comme le nôtre, où les affaires n'appellent le peuple à se réunir qu'une fois dans l'année, il est indispensable qu'il ait d'autres occasions de se voir et de se rapprocher. C'est dans les grands rassemblemens que se nourrit l'esprit de liberté. Là le peuple se communique, s'instruit, s'enthousiasme pour la patrie ; il voit sa force, sa puissance, la majesté de la république. Sa première pensée est pour lui, il s'énorgueillit du spectacle magnifique qui le rassemble; la seconde est un sentiment de reconnaissance pour ceux qui gouvernent l'état et qui le rendent si florissant. Je ne sais, mais l'homme le plus froid ne peut se défendre, dans ces grandes réunions, d'un sentiment d'enthousiasme; il n'y a que ceux qui y apportent un esprit de prétention qui s'y ennuient. En effet, quel plaisir des gens qui veulent qu'on les distingue par-tout, trouveraient-ils dans un rassemblement où tout le monde est égal ?

En matière de fêtes nationales, on ne peut guères

imiter : c'est le climat, c'est la forme du gouvernement , c'est le génie de la nation , c'est la circonstance qui doit les faire naître et en déterminer la
nature. Les nations anciennes que nous pourrions
prendre pour modèles, habitaient des pays chauds;
c'était d'ailleurs des peuples neufs, qui célébraient
les évènemens heureux qui leur arrivaient, à mesure que l'occasion les faisait naître. Ces fêtes,
qui n'étaient d'abord rien , prenaient par la suite
un caractère de grandeur ; les hommes les trouvaient toutes formées, et comme elles rappelaient
des époques glorieuses , elles finissaient par être
célébrées avec la plus grande magnificence.

Mais nous sommes dans une position toute différente de ces peuples ; placés d'abord sous un climat
froid et pluvieux , nos places publiques ne sont guères
tenables que depuis le 15 germinal, jusqu'au 15 ven-
démiaire : comment rassembler le peuple pendant les
six mois qui se passent en pluie, en neige ou en
froid ? Ensuite nous ne sommes pas une nation neuve,
mais une nation qui se régénère, chose très-différente.
Mais indépendamment de toutes ces circonstances , il
y avait dans les institutions de la plupart de ces peuples, quelque chose de barbare que nous rougirions
d'imiter. Qu'est-ce , par exemple, que ces combats
de gladiateurs où une foule de malheureux esclaves
descendus dans l'arêne, se chargeaient comme des
bêtes féroces jusqu'à ce que le vaincu expirât sous

les coups du vainqueur ? Spectacle digne en effet d'un peuple qu'on instruisait à ravager la terre, mais indigne d'une nation éclairée qui respecte trop la dignité de l'homme pour le faire servir aux plaisirs de ses semblables. Qu'est-ce encore que ce triomphe où un vainqueur insolent traînait, enchaînés à son char, des rois et des nations, et promenait, au milieu d'un peuple ivre de ses succès, avec la liste fastueuse des provinces conquises, les dépouilles immenses qu'il leur avait enlevées ? De tels spectacles pouvaient-ils ne pas nourrir, dans ce peuple, la férocité des mœurs, l'esprit de destruction, et le mépris pour toutes les autres nations du monde ? O Romains ! vous qu'on admire et qu'on cite avec tant de complaisance, est-ce donc par de pareilles institutions que vous avez pu mériter d'être nommés le premier peuple de la terre ? Je ne viens point renverser les autels que l'erreur vous élève tous les jours, mais on ne me verra pas du moins vous offrir un encens que la philosophie vous refuse : que le vulgaire vous admire, je ne dois point d'hommages à qui ne sut que détruire.

Les fêtes, dans la Grèce, n'avaient pas, comme chez les Romains, un caractère de férocité, mais elles étaient trop multipliées ; outre que cela habituait le peuple à la paresse, les dépenses qu'elles entraînaient, devinrent par la suite si grandes à Athènes, que pour y satisfaire, Périclès, qui connaissait le goût de la multitude pour ce genre de plaisirs, et qui voulait se ménager sa faveur , aima mieux doubler le tribut des colonies d'Asie , que d'en diminuer le nombre , injustice qui fut par la suite la cause ou le prétexte d'une foule de révoltes.

Mais d'un autre côté , quelle influence n'avaient point sur les arts et les sciences , sur les mœurs et la prospérité du commerce , ces fêtes célèbres où cent peuples se rendaient en foule de toutes les parties de la Grèce pour disputer les prix olympiques, ou pour couronner les vainqueurs ? Quel spectacle curieux ce devait être pour un étranger, que celui de tant d'hommes différens rassemblés dans une même enceinte, se livrant à la joie sans distinction de pays, de rang et de fortune ! quelle variété de plaisirs ! ici c'est le lieu destiné à la course des chars; là, celui consacré à la course à pied ; plus loin se disputent les prix de poësie ; là on s'exerce au ceste ; ici, on combat au pugilat ; ces statues , ce sont celles des vainqueurs qui, dans les années précédentes , ont été couronnés dans les jeux ; par-tout c'est un spectacle nouveau, un plaisir différent , une jouissance inattendue.

Quelle idée de force et de grandeur, quel patriotisme ne devaient point rapporter dans leur pays ceux qui avaient assisté à ces fêtes ! Certes, s'il est possible que dans les nôtres nous imitions quelque chose des anciens, ce sont ces sortes de jeux ; j'en excepte pourtant, le ceste et le pugilat, qui ne conviennent qu'à des peuples qu'on destine à la guerre ; mais les courses à cheval, à pied , celles des chars , outre qu'elles entrent dans le goût de la nation naturellement portée vers tout ce qui offre de la difficulté et de la gloire , auront encore chez nous l'avantage d'arracher les jeunes gens à l'influence des femmes , de développer chez eux des goûts plus forts, et de donner au caractère national des traits plus mâles et plus prononcés. Il ne sera pas même difficile d'en inspirer le goût aux provinces ; il y a beaucoup de départemens où ces jeux sont établis depuis long-tems , c'est un reste des anciens Tournois ; et si, jusqu'à présent , ils n'ont pas été accueillis dans les grandes villes, comme on aurait dû l'espérer , cette espèce d'éloignement tient à des causes faciles à faire disparaître, et que , pour cela , je vais indiquer.

Chez une nation qui vient de passer de la monarchie à la liberté, les personnes qui tenaient de la cour des places , qui y avaient un rang, ou seulement des aboutissans, tous ceux enfin qu'on nommait gens de distinction , ont encore trop de morgue pour se plier aux formes républicaines ; leur vanité se trouve humiliée de partager les plaisirs du peuple. Dans les cercles, ils communiquent leurs dédains à cette foule d'hommes habitués à régler leurs opinions sur celles des autres, et de là, vient que toutes les personnes qu'on appelle comme il faut , ont affecté et affectent encore de ne pas paraître à nos fêtes publiques. Mais il y a encore une autre raison qui les en éloigne ;

c'est

c'est que les femmes ont jeté du ridicule sur ces sortes d'amusemens, et elles les ont ridiculisés parce qu'on a voulu se passer d'elles. Dans un pays où elles sont les premières législatrices, et où les hommes se gouvernent uniquement sur les maximes du ridicule, c'est une mal-adresse de ne point intéresser la vanité des femmes aux institutions nouvelles ; elles tiennent naturellement beaucoup plus que les hommes à leurs usages, mais elles y sont bien plus attachées, quand ceux qu'on veut établir choquent leur vanité. Je ne connais qu'une seule manière de rendre nos fêtes brillantes, et d'en donner le goût à la nation, c'est d'amener les femmes à en faire l'ornement ; que le gouvernement y attire celles qui donnent le ton dans Paris : cela n'est pas difficile ; l'éclat que communique la puissance, la vanité naturelle à ce sexe, un certain goût qui l'appelle vers tout ce qui procure des distinctions et du pouvoir, serviront à souhait les vues du directoire.

Mais je ne voudrais point de fêtes d'hiver ; il vaut mieux les supprimer que de les laisser célébrer comme elles le sont ; nulle pompe, nul cortége, on n'y voit rien de ce qui séduit ; l'autorité municipale seulement, escortée de quelques bourgeois mal armés, mal vêtus, sans ordre, sans tenue, à leur tête un misérable tambour, ayant l'air de conduire un enterrement ; cela jette du ridicule sur nos institutions, et chez nous rien de plus dangereux que le

ridicule. Ensuite beaucoup de ces mêmes fêtes ex-
priment des idées trop métaphysiques pour le peuple;
il entend bien ce que l'on veut dire par fête de la république, fête de la victoire, fête du 14 juillet ; mais
la fête des époux, celle de la vieillesse, celle des
jeunes gens, le sens moral qu'elles renferment est
au-dessus de sa portée : ce n'est pas tout ; dans les
grandes villes, on veut qu'elles se fassent particulièrement dans l'arrondissement de chaque munici-
palité, et cela est très-contraire à l'esprit de liberté.
Le peuple d'une même cité se trouve par ce moyen
divisé ; et comme il ne se réunit plus que pour des
affaires sérieuses où on est peu communicatif, il finit
par se perdre de vue. Ensuite la loi ordonne qu'elles
seront célébrées simultanément dans toutes les muni-
cipalités de la république, autre inconvénient; ce
qui rend une fête brillante, c'est quand ceux chez
qui elle se fait, peuvent être visités par des étrangers. Voyez dans les campagnes, quelle solemnité
ont les fêtes ; tous les villages voisins accourent à
celui dont on célèbre le patron, chacun y va voir
ses parens, ses amis, ses connaissances ; on s'y
rend de très-loin, l'affluence est immense ; mais
s'il faut que la fête se fasse en même tems dans tous
les endroits, elle sera par-tout triste et froide ; on
n'y verra que les gens qu'on voit tous les jours, la
tiédeur gagnera, puis l'institution tombera.

Je ne voudrais pas plus de trois grandes fêtes dans

le cours de l'année ; dans les campagnes, elles seraient célébrées au chef-lieu de canton ; dans les
villes, quelle que soit la population, le peuple ne les
fêterait pas par division. Je les réduis à trois : d'abord
pour éviter les dépenses qui seront déjà assez grandes, si on donne à ces sortes de spectacles la pompe
qu'ils doivent avoir, et ensuite pour ne pas nourrir
dans le peuple le goût de la dissipation qu'il a déjà
trop contractée dans les habitudes révolutionnaires ;
mais je propose d'en établir une qui serait célébrée
tous les quatre ans ; ce serait la fête de la république ; cette idée est extraite du gouvernement de
1793, et je ne conçois pas qu'on n'en ait point tiré
parti. C'est à Paris que serait célébrée cette fête ;
chaque département y enverrait vingt députés assez
à leur aise pour n'avoir besoin d'aucune indemnité.
On voit que ce ne serait point une fête populaire,
mais une fête nationale destinée à perpétuer le souvenir de la fondation de la république. Je dis qu'elle
serait célébrée à Paris, non que je veuille créer un
privilége pour cette ville, mais parce qu'elle est le
siége de la puissance directoriale, et que la puissance directoriale doit être entourée de tout ce qui
peut jeter de l'éclat sur elle. Je ne sache point d'institution qui aurait un but plus utile que celle-là.
Dans une république aussi vaste, où les habitans
vivent sous trois ou quatre climats différens, la politique veut que le plaisir rassemble quelquefois le

peuple par représentation. Dans les réunions de cette nature, l'homme du midi contracte des liaisons d'intérêt ou d'amitié avec celui du nord, les préjugés de pays se dissipent, les mœurs se confondent, la langue elle-même perd ses différences ; enfin, des hommes destinés à vivre sous les mêmes lois, et à défendre la même patrie, apprennent à se connaître et à s'aimer. Quelque chose que fasse à cet égard le gouvernement, il faut qu'il organise sur un autre pied son système de fêtes nationales, s'il ne veut pas qu'elles tombent dans l'avilissement ; mais seront-elles religieuses comme chez les anciens ? c'est ce qu'on pourra juger après avoir lu le chapitre suivant, où je traiterai de la religion, et des rapports où elle doit se trouver dans un pays libre, avec le gouvernement, le climat et les hommes.

CHAPITRE VIII.

De la Religion dans l'Etat.

J'ABORDE ici une question bien délicate sur laquelle je ne sache pas que personne ait jamais été franc. Je le serai, parce que j'ai voué la vérité à mes semblables, et que je crois vrai ce que je vais dire. Si je m'étais trompé, ou si ma doctrine pouvait être dangereuse à la société, je la désavoue d'avance ; mais je prie dans ce cas , ceux qui me jugeront, de se souvenir que ne pouvant être lu que par la portion éclairée de la nation, je n'aurai fait que lui développer des principes qu'elle savait ou soupçonnait déja.

Toutes les religions sont l'ouvrage des hommes ; si quelques-unes se sont données une origine céleste, c'était pour mieux prendre racine sur la terre ; comme il est dans la nature de l'homme de craindre plus ce qu'il ne voit pas que ce qu'il voit, les législateurs ont appelé de tous tems le ciel à leur secours ; ainsi on peut regarder la religion comme ce qui complette les lois humaines ; il suit de là que la religion est faite pour l'état, et non l'état pour la religion, ou ce qui est la même chose, que jamais les intérêts politiques ne doivent céder aux intérêts de la religion, et que c'est de leur parfaite union que résulte le bonheur de la société ; il suit de là encore une autre vérité, c'est que si dans un état quelconque, la forme du gouvernement vient à changer, ou à se modifier, il faut que la religion change ou se modifie aussi sur le plan de l'état politique ; autrement ils cesseraient de s'entendre, et il pourrait arriver que l'un commanderait précisément ce que l'autre aurait défendu : mais il n'en est pas de changer une religion comme de renverser un gouvernement. Ici la force fait tout, et là elle ne fait rien ; je me trompe ; elle attache davantage au culte qu'elle persécute. L'histoire est pleine de conquérans qui ont détruit les plus vieux empires ; il en est peu qui n'aient été obligés de s'agenouiller devant les dieux des peuples qu'ils avaient vaincus. Ce qui fait qu'on change plus difficilement les lois religieuses que les lois politiques, c'est que les dernières appartiennent à tous, et que les autres, comme affaire de conscience, sont plus particulièrement la propriété de chacun. Mais il y a une raison meilleure que celle-là, c'est que les lois politiques se maintiennent par l'obéissance, et la religion par la foi, et qu'on est bien plus attaché à ce qu'on croit qu'à ce qu'on craint.

La religion a des rapports nécessaires avec tant de choses, qu'elle peut être bonne et mauvaise tout ensemble ; il suit de là des règles de conduite dont le législateur ne doit jamais s'écarter. Quand elle est appropriée aux mœurs et au caractère des habitans, et qu'elle est d'ailleurs fondée sur le climat, il y a beaucoup d'inconvéniens à la changer, parce qu'au mal de l'innovation considérée comme innovation, on joint celui de contrarier la nature dont la volonté a dû précéder celle des hommes; mais je veux ici considérer une religion qui se réforme sur le plan d'un état devenu libre; je l'examinerai dans ses nouveaux rapports avec le gouvernement, avec le climat et avec les hommes; et après avoir montré tout ce qu'elle fera pour la société, dans ce nouvel ordre de choses, je ferai voir ce que le gouvernement aura à faire de son côté pour elle.

Il en est des lois de la religion comme des lois politiques; elles peuvent être fort bonnes pour tel gouvernement, et mauvaises pour tel autre : c'est ce qui fait que les religions sont toutes bonnes en elles-mêmes; ce qui les rend mauvaises, c'est d'abord quand elles ne sont pas en harmonie avec le gouvernement, par exemple, quand elles précèdent les lois politiques au lieu de les suivre, ou qu'elles contrarient leur marche; il arrive de là de trois choses l'une : ou le pouvoir politique obéit à la religion, ou c'est la religion qui obéit au gouvernement, ou bien ils règnent concurremment ensemble.

C'est un fléau pour un état, quand la religion domine; d'abord il est de sa nature d'allumer dans les esprits le fanatisme et l'intolérance ; ensuite ne reposant pas sur ur code de lois positives, mais sur des idées vagues et abstraites, elle peut déclarer crime tout ce qu'il lui plaît trouver tel, et comme son pouvoir est sans bornes, ses peines sont bientôt sans mesure. Les échafauds se dressent, les bûchers s'allument, et des générations entières sont immolées sous le couteau sacré. Par-tout où la religion a usurpé le pouvoir souverain, elle a commis des crimes. En France, nous avons eu aussi nos échafauds ; mais sans vouloir ici retracer des horreurs dont le détail n'entre pas dans mon plan, que d'extravagances n'avons-nous pas commises sous des rois faibles, lorsque la religion a été mise au-dessus des lois de l'état. Les croisades seront un monument éternel de notre démence. Et dans quel tems se faisait cette émigration de tout ce qu'il y avoit de riche et de puissant en France, à une époque où ce pays manquait de bras et d'argent pour son agriculture et son commerce, où la population avait besoin des plus grands encouragemens ; dans un moment sur-tout où l'autorité souveraine n'avait que le corps de la noblesse pour résister aux empiétemens de l'autorité ecclésiastique qui menaçait de dévorer toutes les puissances temporelles ; c'est alors qu'on expatrie ce corps pour aller dans je ne sais quel pays, conquérir je ne sais quel tombeau : elle y trouva le sien. Le clergé l'avait bien prévu, car il s'était fait prudemment doter de tous ses biens avant qu'elle partît.

Les croisades sont une des plus fortes plaies qu'ait jamais reçues l'humanité; et elles ont incontestablement reculé de deux siècles la prospérité de la France. On aurait pu à cette époque assigner, d'une manière sûre, la décadence de la religion catholique dans l'empire chrétien, parce qu'il est dans la nature des choses humaines de rétrograder quand elles ont atteint le dernier terme de toute progression possible. Aussi Rome, depuis cette époque, a-t-elle vu chaque jour démembrer sa puissance; il ne lui restait plus que quelques domaines spirituels; elle vient de perdre la France, et elle se verra nécessairement enlever l'Italie et l'Espagne, parce que si tout a une fin ici-bas, cela est bien plus vrai à l'égard du despotisme. Sa faute ne vient pas de ce qu'elle l'a exercé sur les peuples, mais de ce qu'elle a voulu y soumettre les rois eux-mêmes. N'en a-t-on pas vu aller s'agenouiller devant sa puissance, imbécilles monarques qui avaient oublié que la religion n'est qu'un pacte entre ses ministres et les rois, et que si la foudre gronde sur le peuple, elle doit autant épargner le souverain qui dicte les oracles que le pontife qui les prononce.

La religion catholique a fait beaucoup plus de mal que de bien par-tout où elle s'est introduite, ce qui ne signifie pas qu'elle est mauvaise en soi, mais que par-tout elle a été mal dirigée. Il faut toujours que la religion soit dans la dépendance du pouvoir qui gouve ine; voyez les Romains et les Athéniens, ils furent de la terre les peuples les plus religieux, ils le furent même jusqu'à la superstition ; mais la religion était chez eux ce qu'elle doit être par-tout, liée au gouvernement. Le sacerdoce n'y formait point un corps séparé, il n'avait ni domaines immenses ni priviléges onéreux au peuple ; il était dans l'état et non hors de l'état, aussi servait-il admirablement bien le gouvernement.

Par-tout où le clergé forme un ordre distinct, il devient dominateur, parce que toute corporation tend au despotisme, et qu'une poignée d'hommes qui a toujours l'œil ouvert sur les moyens de s'agrandir, trouve nécessairement quelquefois l'autorité souveraine endormie. Elle gagne alors un large terrein; et quand le gouvernement se réveille, le mal est sans remède, le tems a déjà consacré les usurpations.

On a regardé le clergé, dans quelques monarchies, comme un corps nécessaire pour contrebalancer l'autorité souveraine, mais qui ne voit pas qu'on a pris le fait pour le droit, et que c'est ici la puissance ecclésiastique qui se déclare sans pudeur pouvoir constitué dans l'état pour justifier l'audace de ses usurpations. Je ne m'étonne pas que cette opinion ait eu des défenseurs; il n'y a pas de chose absurde qui n'ait les siens. Il m'est tombé il y a quelque tems dans les mains un ouvrage espagnol, intitulé : *Défense de la sainte inquisition ;* on y établit que cette horrible institution est nécessaire pour limiter le despotisme du monarque ; ah ! les fusillades de Charles IX m'inspirent mille fois moins d'horreur que les bûchers de l'inquisition.

Il n'y a jamais dans un état, de raison d'admettre la religion au partage de l'autorité souveraine ; il faut qu'elle y soit comme moyen, non comme cause première, comme force auxiliaire, non comme pouvoir indépendant, qu'enfin elle soit fondue dans l'état, et qu'on ne l'y distingue pas ; elle était ainsi à Rome, où la prêtrise était exclusivement renfermée dans l'ordre de la noblesse. Nous voyons que les auspices ne pouvaient être pris que par un des membres de ce corps ; par cette heureuse alliance, de l'autorité de la religion avec le pouvoir législatif, le corps du sénat se trouvait assez fort pour contrebalancer la puissance du peuple ; aussi quand les Tribuns demandèrent que les Plébéiens pussent être admis au consulat comme les Patriciens, le sénat eut-il raison de s'élever contre cette injuste prétention qui détruisait l'équilibre des pouvoirs, puisqu'elle avait pour objet d'admettre le peuple au partage de l'autorité sacerdotale.

Je ne veux point dire que la religion ne doive jamais être séparée de la puissance qui gouverne, je

dirais une sottise. Dans un gouvernement despotique, il est important que ces deux pouvoirs ne
soient pas dans la même main : qui retiendrait le
despote, si ce n'est la crainte de la religion? il est
au-dessus de toutes les lois. Dans ce que j'ai dit,
j'ai supposé un état organisé sur les principes d'une
bonne législation, et non une forme de gouvernement qui les exclut tous. En Turquie, plus le pouvoir qui gouverne est grand, plus la religion doit
avoir d'influence, non sur le peuple, qui pourrait
s'en passer, mais sur les grands, qui ont besoin
d'être retenus par ce frein : c'est ce qui me fait
penser que si, dans le nord du monde, la religion
a été établie en faveur du despotisme, dans le midi
elle l'a été contre le despotisme. En effet, sans son
autorité, que deviendraient les malheureux peuples
de l'Asie et de l'Afrique? Ce n'est pas que la religion y ait autant de pouvoir qu'elle en avait jadis;
mais comme le relâchement qu'elle éprouve journellement opère également sur le peuple et sur les
grands, ses effets sont moins dangereux.

On observe même avec plaisir que ce relâchement
n'est pas seulement dans la religion, mais dans le
despotisme lui-même; et qu'on ne croie pas que ce
soit ici le résultat d'une cause accidentelle ; c'est
l'effet nécessaire de la marche de l'esprit humain, qui
tend du bien au mieux. Il y a bien dans chaque gouvernement une raison d'état particulière, qui fait que

telle chose est d'une manière plutôt que d'une autre;
mais il y a pour le monde entier une raison à qui
tout cède : c'est la vérité.

La religion de Mahomet, après avoir régné dans
l'Asie et dans l'Egypte, disparaîtra avec le despotisme de ses sultans, lorsque les lumières reparaîtront dans l'orient; elles y règneront jusqu'à ce que
le même enchaînement de causes y ramène l'ignorance et la barbarie : je reviens à mon sujet.

Pour que la religion soit en harmonie avec le
gouvernement, il faut, non-seulement qu'elle n'ordonne pas ce qu'il défend ; mais qu'elle prescrive
tout ce qu'il commande. Dès qu'elle s'écarte de là,
elle commence d'être mauvaise; c'est ce qui fait
qu'on ne devrait jamais changer la constitution d'un
état, sans reviser les lois religieuses ; le contraire arrive
toujours, parce qu'on ne se fait pas une juste idée de
ce qu'est ou doit être la religion dans un pays bien
gouverné. Je n'entends pas par changement de la constitution de l'état, les révolutions qui naissent de la
conquête, parce que le conquérant fait toujours des
lois pour son despotisme, et jamais pour le peuple
vaincu. Dans ce cas, il arrive presque toujours,
comme je l'ai dit, que le vainqueur adopte la religion du pays qu'il a soumis. Je parle d'un peuple
qui change volontairement la forme de son gouvernement, et je prends pour exemple la France.

La religion catholique pouvait être fort bonne

pour la monarchie, parce qu'appelant tous les esprits aux jouissances d'une autre vie, elle laissait au
monarque la faculté d'affermir sa domination dans
celle-ci. Mais dans un état républicain, où chacun
doit nécessairement se mêler de la chose publique,
où le premier bien de tous c'est la liberté commune, il faut une religion qui appelle les citoyens
vers les affaires publiques et les détourne de toute
vie contemplative. Cette religion aura bien aussi
son dogme d'immortalité, son lieu de peine et de
récompense ; mais dans ces dogmes elle aura pour
objet la perfection des lois, et non le salut des ames ;
le bonheur des hommes ici bas, et non leur félicité
dans une autre vie.

Mais il ne suffit pas, pour qu'une religion soit bonne,
qu'elle se trouve en harmonie avec les lois politiques
de l'état ; il faut de plus qu'elle soit fondée sur le climat ; il y a des pays où les lois du climat sont telles,
que quand elles ont servi de base à la religion, elle
y a plus de force que les lois politiques : c'est peut-
être ce qui fait que la Chine qui a tant de fois changé
de gouvernement, n'a jamais changé de religion ; mais
c'est au climat du midi qu'il est particulièrement réser-
vé d'exercer cette forte influence. La nature, dans ces
pays, prodigue de tout ce qui fait le superflu de la
vie, y refuse quelquefois les choses les plus nécessaires ; souvent même elle attache une vertu malfai-

sante aux productions qu'elle semblerait avoir destinées à la nourriture des hommes, et il est nécessaire
dans ce cas, que la religion inspire au peuple de
salutaires préjugés : voilà pourquoi, dans ces pays,
souvent les animaux les plus immondes ont eu un
culte et des autels. De pareilles institutions nous
semblent extravagantes; cela vient d'abord de ce que
nous les considérons indépendamment du tems et
des pays, et qu'ensuite nous sommes très-portés, en
général, à rire des travers qui nous frappent dans
les autres peuples, sans voir que souvent ces travers
sont les nôtres.

Dans le nord, le climat a moins de rapports avec
la religion, aussi le peuple y est-il beaucoup moins
attaché, et cela doit être; dans un pays où la terre
n'accorde rien qu'au prix des sueurs, où tous les
momens doivent être employés à se procurer l'existence, on en aura peu à donner à la religion. Sous
ce climat, un peuple libre sur-tout aura un culte très-
simple et peu de dogmes ; car si cela n'était pas
ainsi, ou il mourrait de faim pour se livrer aux
pratiques du culte, ou il les négligerait pour vivre :
ce n'est pas qu'il n'ait régné et qu'il ne règne encore,
dans les pays septentrionaux, des religions fort opposées à la simplicité dont je parle, mais je veux
dire que dans ces pays un culte trop chargé de pratiques est contraire aux principes d'une sage politique. Si les peuples du midi semblent nés pour tout

croire, on pourrait dire que ceux du nord sont nés pour ne rien croire. En effet, qu'on examine toutes les nations de la terre, soit dans l'état de nature, soit dans l'état de civilisation, on verra que celles que la nature a placées sur un sol ingrat, sont les moins religieuses : l'idée d'un Dieu semble née de l'oisiveté.

Je conçois qu'un peuple à qui la terre fournit presque spontanément sa subsistance ait une religion chargée de cérémonies et de fêtes ; il a dans le cours de l'année tant de jours de repos ! Occuper son oisiveté à des pratiques religieuses, est une bonne chose, c'est empêcher qu'il n'en fasse un mauvais usage ; mais dans les pays septentrionaux, il ne doit y avoir de fêtes que les jours consacrés au repos ; et ce principe est bien plus de rigueur dans les gouvernemens dont l'économie politique est montée sur un système de manufactures. Sous ce système, le principe qui fait tout mouvoir a besoin de recevoir le plus grand développement possible dans ses moyens, et ce développement doit lui-même se faire dans un ordre régulier et non interrompu, ce qui ne peut avoir lieu sous l'influence d'une religion où les fêtes sont trop multipliées. L'empereur Joseph II avait senti l'inconvénient des fêtes et des monastères, et il voulut les supprimer dans ses etats ; mais il ignorait que le bien lui-même veut être fait avec ménagement, et il pensa perdre le Brabant pour en avoir manqué.

En

En France la multiplicité des fêtes faisait que les affaires y étaient suspendues quelquefois trois jours de suite. Les travaux de la campagne, ceux des villes, tout était arrêté : c'était une véritable calamité ; Rome elle-même a senti qu'un pareil abus n'était pas même profitable à la religion ; aussi depuis quelque tems elle a permis que sur trois fêtes on n'en chômât plus qu'une ; elle aime encore mieux que le peuple passe les deux dernières dans les atteliers que dans les cabarets.

La religion chrétienne convenait, je pense, au climat où elle prit naissance, mais non à l'indépendance des climats du nord ; aussi eût-elle beaucoup de peine à s'y établir malgré son prosélytisme, et elle n'y prit racine que quand les peuples furent déjà façonnés à une espèce de joug. Une religion qui reconnaît un chef visible, pouvait-elle convenir à des nations guerrières et libres, qui ne voulaient pas même souffrir de chefs politiques ; ce n'est pas qu'elles n'eussent aussi leur religion, mais elle ne choquait point chez elles l'esprit de liberté, et son pouvoir n'en était que plus grand Qu'on se rappelle ce qu'il en coûta à César pour subjuguer les Gaulois et les Germains ; ils combattaient pour leurs Dieux et leur liberté : il fallut les exterminer pour les vaincre.

Mais ce n'est pas seulement sous le rapport du despotisme que la religion chrétienne ne peut con-

venir aux climats froids ; elle porte avec elle un esprit de perfection tout-à-fait contraire à la prospérité de ces pays. La continence qu'elle recommande
est un précepte qui a eu chez nous les plus funestes
conséquences ; car non-seulement il a porté dans
l'état civil le goût du célibat , mais il a arraché au
mariage la classe nombreuse des ministres du culte,
et a donné naissance à cette foule de maisons religieuses, où tant d'individus des deux sexes, appelés
par la nature à entrer dans ses vues, vont se perdre
pour la société. Dans les pays chauds, où la fécon-
dité des femmes est extrême, il peut être quelquefois
utile que la religion inspire le goût du célibat pour
tempérer les progrès de la procréation qui pourrait
être dangereuse si elle était portée au-delà de ses
limites de raison ; mais dans les pays froids, la religion doit inviter aux mariages, parce que l'espèce
humaine s'y multiplie (1) difficilement , et que c'est

(1) C'est encore une opinion assez généralement reçue, que
l'espèce humaine se multiplie plus facilement dans les pays froids
que dans les pays chauds. Pour la justifier, on cite deux choses:
ces innombrables nuées de Barbares qui, du fond du nord, se sont
jetés dans l'Empire Romain, et la population que l'expérience
prouve être beaucoup moins forte dans les climats chauds que dans
les pays froids. Ces raisons n'empêchent pas que cette opinion ne
soit une erreur. D'abord ces Barbares ne sortaient point d'un seul
pays, c'étaient les habitans de presque tout le nord du monde, et
c'était plus qu'il n'en fallait pour inonder la petite partie du globe

une population nombreuse qui fait la force et la
sûreté des états.

Mais il y a loin de la perfection de la religion
chrétienne à la perfection du système social. Si
j'avais le tems, je ferais voir que sa spiritualité a
fait plus de mal à l'Europe que n'ont pu lui en faire
les guerres les plus sanglantes; mais ces détails sont
hors de mon plan ; j'observerai seulement que si
l'Europe paraît conduite aujourd'hui sur les principes d'une législation plus sage, c'est que depuis
un siècle, les divers gouvernemens qui la régissent,
ont secoué le joug de la religion catholique, et substitué à ses maximes dépopulatrices, les pratiques
d'un système mieux entendu.

C'est sur-tout dans ses rapports avec les hommes,
que cette religion peut être considérée comme le chef-
d'œuvre du despotisme humain, et on a droit de
s'étonner que la liberté ait pu reparaître sur la terre.
En effet, elle n'a pas une loi, pas un précepte, pas
un conseil qui n'ôte à l'homme toute sa puissance
physique et morale, et ne se livre, pour ainsi dire,
captif à ses tyrans. Elle ne s'est point bornée, comme

dans laquelle ils venaient se jeter. Ensuite si la population est de
fait plus faible dans les pays chauds que sous les températures froides,
ce n'est point du tout un effet du climat; c'est la faute du despotisme qui règne dans tous les pays méridionaux : par-tout où
l'homme est malheureux, il n'est point jaloux de donner l'existence.

les autres religions, à juger les actions des hommes dans une autre vie ; elle a voulu les connaître dans celle-ci ; un tribunal secret lui livre toutes les consciences : il n'y a plus rien de caché pour elle ; les secrets des familles, ceux de l'état, les crimes, les vertus, tout se dévoile à ses yeux. Admirable magistrature, si elle était exercée par un Dieu, mais terrible et odieuse entre les mains des hommes ; dans un pays libre surtout, rien de plus dangereux qu'un pareil pouvoir d'un individu sur ses semblables ; il aurait épouvanté à Athènes ; ce n'est pas cependant que la religion y fut sans autorité, mais c'est, qu'elle avait des bornes dans un pays où la liberté seule n'en devait point avoir.

Ce ne fut pas à la religion chrétienne que l'Empire romain dut sa décadence ; mais ce qu'il y a de sûr, c'est qu'aussitôt qu'elle y fut introduite, ce colosse, que les anciennes lois de la républiq ne soutenaient encore, tomba épars de tous côtés, et cela devait être ainsi ; une religion qui parle toujours aux hommes de ce qu'ils doivent à Dieu, et jamais de ce qu'ils doivent à la société, ne pouvait que leur inspirer de l'éloignement pour les affaires publiques. Aussi dès ce moment, tout le monde tendit vers la perfection, tant ce qui exige un effort surnaturel fut regardé comme un moyen de plaire à Dieu ; de là le mariage pris en haine, et le célibat érigé en vertu ; enfin on vit proscrire, comme contraires à la morale publique, ces belles lois qui avaient pour objet l'accroissement de la population et la prospérité de l'état, institutions admirables, sous l'influence desquelles la république était parvenue au plus haut degré de gloire. Quand cette religion parut, on ne sévit pas assez contre elle; ensuite on la persécuta trop; mais sa plus grande force, je crois, fut de venir après une religion qui n'en avait plus.

Lorsque dans un état la religion se trouve dans des rapports de raison bien établis avec le gouvernement, le climat et les hommes, elle fait tout le bien qu'une bonne religion peut faire; de plus, son autorité est indestructible, car si elle sert d'appui au gouvernement, le gouvernement a le plus grand intérêt à la maintenir; et comme cette union n'est point celle de la tyrannie, mais celle de la liberté avec tout ce qui peut la soutenir, une nation sous cet état de choses, pourra traverser sans accident une longue période de siècles, à moins que dans le cours de ses destinées, elle n'éprouve une de ces grandes calamités que toute la prévoyance humaine ne peut empêcher.

On vient de voir ce que doit être à-peu-près dans le nord une religion qui se régénère sous l'influence de la liberté. Voyons maintenant ce que le gouvernement doit faire pour que cette révolution s'opère sans secousse; je dis sans secousse, car en matière de religion sur-tout, toute réformation violente est

un plus grand mal que le mal même qu'on veut détruire.

Lorsque la réformation veut s'introduire dans un
état, deux causes concourent à produire les résistances qu'elle éprouve, l'attachement du peuple à
l'ancienne religion, et les efforts du clergé qui a un
intérêt particulier à son maintien ; la persécution ne
détruit ni l'un ni l'autre. D'abord elle rend intéres-
sant tout ce qu'elle atteint, parce qu'elle n'est que
l'abus du pouvoir, et que l'abus du pouvoir est
par-tout une chose odieuse ; ensuite au lieu d'arrêter
le mal, elle l'augmente. On a vu des hommes qui
jadis souriaient de pitié à l'idée d'un Dieu, devenir
dans la révolution les plus violens apôtres du fanatisme ; la secte des chrétiens à Rome s'accrut ainsi ;
la persécution y avait allumé le fanatisme au point
qu'on courait au-devant des supplices ; ceci a sa
source dans la vanité de l'homme ; on se dit, je
vaux donc quelque chose puisqu'on me persécute,
et puis la persécution est publique ; on attirera à soi
tous les regards, que dis-je ? on aura son siècle pour
témoin de sa gloire ; on sera nommé, cité par-tout
comme un modèle d'infortunes et de courage ; mais
de plus on sera plaint, on inspirera le plus tendre
intérêt ; c'est plus qu'il n'en faut pour faire braver
toute espèce de supplices. En général, les lois prohibitives ne font que du mal ; le gouvernement ne
doit jamais avoir l'air de se mêler de religion, parce

que les consciences ne sont pas de son ressort ; mais il a, sans qu'on puisse l'accuser de tyrannie, mille moyens détournés de diminuer l'influence d'une religion. Par exemple, en France, pour porter le peuple à ne plus chomer le dimanche, il a ordonné que les marchés publics, dans les grandes villes, seraient fermés le jour de la décade ; il n'a rien fait en cela qui re lui fût permis ; s'il voulait aujourd'hui qu'on fêtât la décade, il ferait ouvrir ce jour tous les théâtres au peuple ; il donnerait même des danses publiques, si les théâtres ne pouvaient suffire à l'amusement de la multitude, et il n'y a pas de doute que les églises ne fussent bientôt désertes le dimanche. Voilà l'avantage des lois indirectes sur les lois prohibitives, c'est qu'elles opèrent les réformations, sans que le peuple même s'en doute. Il en coûterait peut-être au gouvernement pour ces sortes de plaisirs ; mais ne dépense-t-il donc pas pour arrêter les désordres inséparables du système des prohibitions ; e n'est-il pas d'une meilleure politique de payer pour prévenir les fautes que pour les punir ?

Puisque j'ai parlé de la décade, il faut que je dise ici un mot du décadi. J'entends tous les jours proposer de faire des lois pour obliger à le fêter ; d'abord si on ne se sent pas le droit d'empêcher de chomer le dimanche, on ne peut pas se croire celui d'ordonner de fêter le décadi ; pour que le gouvernement eût ce droit, il faudrait qu'il y eût dans l'état une religion nationale, et il n'y en a plus, à moins qu'on n'ait le projet d'en recréer une autre, ce qui, je le déclare d'avance, choquerait toute espèce de liberté. Ensuite la décade porte en elle un vice radical. Neuf jours de travail consécutifs excèdent la proportion des forces humaines, et c'est une raison qui empêchera toujours qu'elle ne soit chomée dans les campagnes sur-tout, où sont les travaux pénibles. Je sais que dans la division du tems, le système décimal a paru plus simple, plus naturel que tout autre, mais pouvait-on l'appliquer à l'homme, je ne le pense pas; la nature, dans certains pays, a quelquefois des écarts qu'il est bon que les institutions corrigent, mais dans ses lois générales, c'est aux institutions à lui céder.

Peut-être faudrait-il que le cinquième jour de la décade fût aussi consacré au repos; j'avoue qu'alors on tomberait dans l'inconvénient contraire; cependant, si d'un côté on a soin de ne placer les fêtes nationales que les jours de repos, et si de l'autre on considère que, outre le dimanche, la religion catholique avait encore une foule de fêtes extraordinaires, on verra que par cet arrangement, on gagnerait encore quelques jours de travail; au surplus, c'est moins une correction que je propose ici qu'une idée que je présente en passant; je sais mieux à cet égard ce qu'il ne faudrait pas faire, que ce qu'il faudrait qu'on fît.

Lorsqu'un état, en devenant libre, renonce à une religion nationale , le premier soin du gouvernement doit être d'y appeler des cultes étrangers. J'aimerais que dans cet état chaque religion étrangère eut son temple, comme les ambassadeurs y ont leur hôtel. D'ailleurs la multiplicité des sectes fait ce bien, qu'elle amène l'esprit de tolérance; ceci ne contredit pas ce que j'ai dit plus haut, que la religion doit toujours être fondée sur le climat; le climat ne commande pas nécessairement l'unité de religion, car comme toutes celles de la terre, quoique très-différentes, s'accordent sur quelques dogmes fondamentaux, de même plusieurs religions dans un état pourraient différencier sur des points de doctrine plus ou moins importans, et s'accorder pourtant sur les choses dont le climat prescrirait l'observance. Une loi religieuse défend en Palestine et en Égypte de manger du cochon, parce que cette nourriture y occasionne des maladies de peau fort dangereuses; il y aurait trois cents religions dans ce pays, que toutes commanderaient l'abstinence de cette viande.

Il pourra bien se former dans l'état dont je parle une religion nouvelle ; mais si on la destine au peuple , il faudra qu'elle soit faite pour lui, et non sur des idées de perfection qui supposent tous les hommes éclairés et bons. Un culte extérieur, dépouillé de l'éclat des cérémonies, et qui ne serait qu'une sorte d'hommage brut à la divinité, ne serait nulle impression sur le peuple qui n'a qu'un sens, celui de la vue. Quand j'ai dit que dans le nord il fallait à un peuple libre une religion simple ; j'ai voulu dire que les dogmes doivent être en petit nombre et les cérémonies peu multipliées, mais non qu'elles dussent être sans pompe. Rien ne suppose plus d'élévation dans les idées que la simplicité du culte, c'est pour cela qu'elle ne convient point à la multitude toujours privée de lumières. Je sais qu'on trouve chez quelques nations anciennes des modèles de pareilles religions, et qu'il s'en est formé à-peu-près de semblables chez des peuples modernes ; mais qui avaient - elles et qui ont - elles encore pour sectaires ? des philosophes, et non le peuple. Au reste, une institution de ce genre, considérée politiquement, ne pourrait que faire du bien dans l'état dont je parle ; elle aurait au moins le mérite de diminuer l'influence de la religion mère.

Quoiqu'il n'y eut pas dans cet état de religion nationale, il pourrait y avoir une religion dominante, ce serait alors au gouvernement à diriger son influence, de manière qu'elle ne put pas arrêter les progrès des lumières, et qu'elle n'eût aucun intérêt à les étouffer. Je ne pense pas qu'un peuple puisse jamais se passer de religion, mais je crois que sa force doit être en raison inverse dela perfection des lumières, car s'il est vrai que l'ignorance des peuples a forcé tous les législateurs à recourir au pouvoir de la religion , il doit l'être que ce pouvoir doit s'affaiblir dans la proportion que les lumières s'étendent, et que les lois humaines approchent de leur plus grande perfection. La religion a suivi cette progression décroissante par-tout où elle a été bien dirigée; mais quand elle l'est sur de faux principes, cette progression est lente ou bien même la nation croupit dans la plus honteuse ignorance; c'est ce qui est arrivé à la France qui, placée sous l'influence des causes physiques les plus agissantes, aurait dû arriver, long-tems avant toutes les autres nations de l'Europe, au perfectionnement de toutes les connaissances humaines , si la religion n'y avait, pendant douze siècles, arrêté les progrès de la raison, et comme enchaîné le génie national. Il n'y a plus que l'Espagne aujourd'hui qui gémisse sous les ystême oppressif d'une religion prohibitive et où l'on n'ose encore ni dire, ni écrire ce qu'on pense ; l'inquisition est là qui veille sur l'écrivain, pèse ses pensées dans ses balances inégales, et les étouffe à leur naissance, si elles peuvent nuire à son pouvoir.

L'introduction d'une trop grande quantité de métaux , après la découverte du Pérou, a pu contribuer à l'anéantissement des arts et de l'agriculture dans ce beau pays; mais ce qui l'a sur-tout placé dans l'état déplorable de misère et d'ignorance où il se trouve, c'est le despotisme de la religion. J'ose assurer, sans crainte d'être démenti, qu'elle y a fait plus de mal que n'aurait pu lui en faire l'absence de toute espèce de religion. En effet, on est épouvanté qnand on parcourt ses provinces ; des campagnes incultes, quelques misérables villages épars çà et là, des villes placées à des distances infinies les unes des autres, sans arts, sans manufactures, sans commerce, et par-tout le peuple dans une ignorance qui ne le cède qu'à sa misère Ce n'est cependant pas que l'Espagne occupe sous le ciel une place désavantageuse, ou que son territoire soit stérile, elle est au contraire, après la France, le pays le plus propre au développement d'une prospérité sans bornes ; mais il faudrait chez elle un pouvoir créateur, et la religion n'a jamais su qu'y détruire.

Ce ne serait point assez que dans l'état dont je parle, la religion ne s'opposât point aux progrès des lumières, il faudrait que le gouvernement la dirigeât de manière à ce qu'elle concourût elle-même à leur perfectionnement et à celui de la morale publique ; et pour cela il suffit d'ôter à ses ministres toute espèce de crédit politique. Comme ils sont de leur nature portés à exercer une influence quelconque, ne pouvant commander l'obéissance, ils voudront commander le respect, et régner par les vertus, ne le pouvant par les lois. Ils se distingueront dans les lettres et dans les sciences, parce que par leur état ils sont appelés à les cultiver, et qu'après l'empire de la force, il n'en est pas de plus flatteur que celui du génie. En Angleterre, la religion a ces heureux effets ; elle n'y fait que du bien, parce qu'on lui a ôté tout pouvoir de faire le mal ; le clergé y forme bien une classe particulière, mais si cette circonstance semble le placer hors de l'état, il y rentre par les mariages, et les mariages sont le gage le plus sûr de son obéissance aux lois du gouvernement. C'est un malheur que la réformation n'ait pu s'introduire en Irlande ; il faut que la persécution soit une chose bien odieuse, puisque dans ce pays elle a donné à la religion la plus favorable à l'esclavage, le goût même de la liberté ! Il fallait attendre que le peuple Irlandais se dégoûtât du catholicisme. Il en est des provinces d'une grande nation, comme des hommes les uns à l'égard des autres, ils ne sont pas tous également instruits : telle religion est bonne pour une province éclairée, qui ne convient point à celle qui ne l'est pas. C'est cette inégalité d'instruction qui fait que tous les cultes doivent être permis. Il serait à desirer qu'il pût en être ainsi des lois politiques à l'égard des individus d'une même nation, c'est-à-dire qu'il y eut, dans le gouvernement général divers gouvernemens particuliers, appropriés à l'instruction de chacune des classes qui composent la société.

Lorsque le clergé est sans influence dans l'état, il est inutile d'exiger de lui des sermens. Il vaut bien mieux le mettre dans l'impuissance de faire du mal, que de lui faire promettre de n'en pas faire ; c'est d'ailleurs lui donner une importance dangereuse ; dès qu'on lui fait voir qu'on le craint, il est bientôt à craindre ; il faut qu'il soit fondu dans l'état, et le serment l'en retire ; un autre inconvénient, c'est qu'il place souvent l'homme entre une conscience rebelle et des besoins impérieux ; de deux choses l'une, ou c'est la conscience qui parle plus haut que les besoins, ou les besoins plus haut que la conscience ; dans le premier cas, le gouvernement réduit un homme à la misère ; dans le second, où est la garantie ? de plus, le peuple finit par faire de la chose du monde la plus sacrée, une affaire de calcul et d'intérêt.

J'ai vu des personnes blâmer les sermens exigés en France, des prêtres catholiques ; la seule raison qu'elles donnaient de leur opinion, c'est que chez un peuple qui n'est point religieux, le serment est sans force ; c'est une erreur. L'honneur a aussi le sien, et dans les monarchies, ce serment a souvent plus de pouvoir que celui de la religion ; ce que ces personnes auraient pu dire, avec plus de raison, c'est que le serment étant toujours fondé sur un préjugé quelconque, il est inutile d'en exiger chez une nation qui les a tous détruits. J'aurais pu parler ailleurs des Théâtres, mais comme ils sont eux-mêmes des écoles publiques de morale, leur place est naturellement fixée à la suite de ce qui tient à l'éducation publique.

CHAPITRE IX.

Des Théâtres dans un gouvernement libre.

C'EST quand on considère cette partie de l'instruction publique, qu'on peut réellement douter si l'on a eu l'intention de nous donner la république. Les théâtres sont encore, à peu de chose près, ce qu'ils étaient sous la royauté, et elle se rétablirait, qu'elle n'aurait rien à changer à leurs répertoires. Tout ce qui rappelle la distinction des rangs, et entretient le peuple dans l'avilissement, est mis encore sous ses yeux tous les jours : c'est une mauvaise école pour un peuple républicain. A-t-on cru les principes de l'égalité si fortement enracinés en France, qu'ils puissent résister aux efforts d'une cause destructive continuellement agissante ? C'est une république bien commode que celle où la royauté a ses écoles publiques, et ne dirait-on pas, à voir la liberté avec laquelle elle les tient, qu'elle seule est la règle, et que la république n'est qu'une exception ? On s'est borné à bannir du répertoire quelques tragédies où la dignité républicaine était avilie, et on a dû le faire ; mais la tragédie étant une suite de sentimens hors de la nature, est peu dangereuse pour l'homme du peuple qui en est toujours près. Il n'en est pas de même de la comédie, qui est le tableau de ce qui se passe tous les jours sous ses yeux, elle agit direc-tement sur lui, il se confond avec les personnages, et prend sur la scène le rang qu'il croit lui convenir; il a bien entendu dire dans les assemblées publiques que les conditions sont égales, et qu'aucun citoyen n'est au-dessus de l'autre; cependant s'il voit au théâtre un marquis ou un comte avec son valet, c'est avec ce dernier qu'il s'identifie; il agira, pensera, parlera comme lui; honnête s'il l'est, vil s'il l'est, il partagera tous ses sentimens; mais l'idée qu'il emportera infail-liblement avec lui, c'est celle de la prééminence des rangs.

Veut-on inspirer au peuple la haine de la royauté, il faut commencer par lui donner celle de l'inégalité des conditions: elle est bien supprimée de droit en France, mais telle est la force de l'habitude et des préjugés, que sous l'empire même de l'égalité, les uns veulent toujours être grands, et les autres toujours petits. C'est au peuple qu'il faut donner le sentiment de sa nou-velle condition, et certes, le moyen de former sa morale, n'est pas de mettre continuellement sous ses yeux tout ce qui consacre l'inégalité des rangs et lui rappelle son ancien avilissement. On voit peu de co-médies sur nos théâtres où un homme n'ait à essuyer de son semblable, les dédains de la grandeur, les humiliations de l'orgueil, les airs hautains de la no-blesse, et souvent les coups de bâton de la mauvaise humeur; n'est-ce pas là une belle école pour un

peuple

peuple républicain ? Cela était fort bien quand le vice existait, mais après sa correction, le remettre sous nos yeux est au moins une chose superflue Que signifie, par exemple, aujourd'hui *le Glorieux?* Corrigera-t-il un ridicule que nous n'avons plus, et que la nature de notre gouvernement ne nous permet plus d'avoir ? *Georges Dandin, M. de Pourceaugnac, les Précieuses Ridicules* et une foule d'autres comédies de ce genre, que feraient-elles sur nos théâtres, si ce n'est de nourrir dans toutes les classes, des idées de maîtres et de valets, de grandeur et de bassesse, d'empire et d'esclavage, et de perpétuer le souvenir des mœurs, du langage et des manières monarchiques ? Estimez assez le peuple pour ne lui rien offrir qui l'avilisse à ses propres yeux, et il pourra voir sans danger sur le théâtre, des rois et des reines. A Athènes on jouait tous les jours les tragédies de Sophocle, d'Euripide et d'Eschyle, et la liberté ne s'en allarma jamais; c'est que des citoyens qui s'estimaient plus que des rois, étaient fort loin de vouloir s'en donner pour maîtres.

Quant à l'art en lui-même, il subira nécessairement une révolution, si l'égalité des conditions n'est point une chimère en France. D'abord il sera plus borné dans ses sujets ; il n'aura plus à peindre l'orgueil d'un grand, la vanité d'un riche ennobli, ou la sottise d'un bourgeois qui veut sortir de sa condition, et cette mine était inépuisable ; en suite les valets

K

qu'on nommait de grande livrée , ne seront plus
ce qu'ils étaient dans l'ancienne comédie. Ce qui
donnait du sel à ce caractère, c'était d'abord l'immense intervalle que la naissance mettait entre le
maître et celui qui le servait, et ensuite le contraste
frappant de la bassesse de l'un avec la grandeur de
l'autre. Dans un pays où la forme du gouvernement
consacre l'inégalité des rangs , les valets sont un des
grands et utiles ressorts de la comédie ; c'est presque
toujours leur bouche que la morale emprunte. Un
grand serait blessé d'une leçon qui lui serait donnée
par son égal , mais il la reçoit de son valet, comme
d'un homme trop au-dessous de lui , pour qu'il puisse
être offensé de sa franchise. Plus le valet est dégradé,
plus il a de hardiesse, et plus la leçon qu'il donne est
forte : il faut que cela soit ainsi. Un vieux et honnête domestique donne bien des conseils à son maître,
mais il ne hasarde point de leçon ; son langage sent
toujours la subordination. Mais voyez un valet bien
fripon , bien rusé, Mascarille ou Figaro ; il sert les
projets de son maître, mais qu'il lui fait acheter cher
ses services ! Il a toujours à la bouche un trait de
morale, un reproche , une épigramme bien éguisée ;
on ne reconnaît point le maître, tant le valet profite
de l'ascendant de sa dégradation.

Mais aujourd'hui que les rangs ont disparu, et que
toutes les conditions sont égales dans la société, l'emploi de valet ne sera presque plus rien. Il y aura bien

encore entre le maître et celui qui le sert, la distance de la richesse et de la domesticité, mais ce ne
sera pas la même chose.

Je ne veux pourtant point dire qu'on sera obligé de
renoncer sur la scène, aux valets; il y aura toujours,
parmi cette classe d'hommes, des intriguans et des fri-
pons, prêts à seconder les projets d'un jeune étourdi
pour tromper un vieillard imbécille, ou pour gagner
de l'argent; mais je veux dire que ce caractère ne
sera plus de mise sous la forme qu'il a aujourd'hui;
peut-être, on va me dire, que la constitution elle-
même a consacré chez nous la domesticité, et mis une
barrière politique entre celui qui sert et celui qui ne
sert pas: cela est vrai; mais si l'on n'a point élevé
la condition des valets, on a rabaissé celle des maîtres, et les distances ne sont pas moins rapprochées
de fait. L'illusion, fondée sur la naissance et les
rangs, étant disparue, chacun se trouve à sa véritable place, c'est-à-dire, au niveau à-peu-près de
tous les autres. Au reste, je n'ose assurer que le
vernis des mœurs anciennes disparaisse aussi vîte de
notre scène, et que l'art dramatique subisse de sitôt
la révolution morale que j'annonce; cela dépendra
de l'importance que la partie de la nation qui sert,
mettra par la suite à l'exercice des fonctions de citoyen, et le tems seul peut nous l'apprendre. Si le goût
de la liberté peut passer dans cette classe, il faudra
voir ce que le génie comique saura mettre à la place

des valets, lorsque la révolution, une fois conso-
lidée, aura permis à la nation de se donner un caractère quelconque; car, dans l'instant qu'un peuple se
reforme, il n'a, à proprement parler, ni vices, ni
vertus, rien de bien prononcé dans ses mœurs, dans
ses goûts, dans sa manière d'être; des nuances, des
demi-teintes, quelques petits ridicules au plus, mais
point de ces grands traits, de ces choses marquantes
qui forment ce qu'on appelle le caractère d'une nation. Aussi, un auteur comique qui, dans ce moment, s'essayerait chez nous sur un grand ouvrage,
échouerait infailliblement, car il peindrait des travers
que nous n'avons plus, ou que nous n'avons point encore (1). Cette lacune de caractère chez un peuple,
si je puis m'exprimer ainsi, nuit beaucoup à l'art;
mais en France, ce qui contribue plus que toute autre
chose à le faire tomber, c'est le défaut de lois fixes
sur la police des théâtres, et une sorte d'arbitraire qui
a soumis leur existence à toutes les variations de l'esprit public.

Dans un établissement de ce genre, il y a deux
choses à distinguer, l'instruction publique et la propriété. Comme école de morale, il est soumis à la
jurisdiction du gouvernement qui doit veiller à ce

____

. (1) Depuis que ceci est écrit, *la Prude*, et *les Dangers de la
Présomption*, les deux seuls grands ouvrages comiques qui aient
été donnés depuis un an au théâtre de Feydau, n'ont eu aucun succès, quoiqu'ils fussent écrits avec beaucoup de soins.

qu'il ne s'y passe rien contre les bonnes mœurs , ou
contre l'ordre public : comme propriété , il est sous
la protection directe de la loi. S'il arrive que la partie
morale de l'établissement s'écarte de son véritable
objet, et corrompe, par exemple, l'esprit public, ce ne
sont ni les entrepreneurs, ni les bailleurs de fonds
qui sont responsables de ce délit au gouvernement ,
mais bien le directeur, comme représentant cette partie morale, et dans ce cas, l'emprisonnement, ou une
amende quelconque , doit en faire justice ; mais il ne
peut jamais être permis de fermer le théâtre , car alors
on commet la double injustice de violer la propriété ,
chose sacrée sous un gouvernement libre , et de punir
des innocens. C'est parce qu'on n'a pas fait cette importante distinction , qu'on a pris , à diverses époques de la révolution , tant de fausses mesures contre
certains théâtres ; on les fermait , on les rouvrait
ensuite , pour les refermer encore ; Robespierre ne
s'en tenait pas là ; il faisait jouer des pièces patrioti-
ques , et ordonnait au public de les applaudir ; après
l'infamie de l'ordre , quoi de plus vil que d'y obéir ?

Pour moi, je ne sais quelles pouvaient être les vues
des hommes qui gouvernaient alors en sevrant ainsi
le peuple d'un plaisir dont il est idolâtre : les théâtres
sont une distraction qui l'empêche de s'occuper d'autre
chose , et dans mon sens , ils auraient dû multiplier
ce genre d'amusement, au lieu de le borner. Leur
maladresse rappelle une belle réponse de deux co

médiens chassés de Rome par Auguste, pour une espèce d'émeute que leur rivalité avait occasionnée au
théâtre : ce prince consentit à les laisser revenir,
pourvu qu'ils n'excitassent plus de troubles à l'avenir.
Seigneur, lui dit Pilade, l'un d'eux, l'empereur sait qu'il
a besoin que le peuple s'occupe de Bathilde et de moi.

Les théâtres sont, comme les temples, des écoles
publiques de morale ; on ne ferme point une église,
parce qu'un ministre a contrevenu à la loi, on se con-
tente de lui infliger une peine. L'esprit de parti punit
en masse, sans distinction des innocens ; la justice la
plus rigoureuse ne veut que le châtiment des coupables.

Après les tracasseries qu'essuyaient journellement
les théâtres, il ne fallait plus, pour anéantir l'art, que
de soumettre les ouvrages à la censure municipale ;
c'est ce qu'on a fait ; on juge combien des hommes
dépourvus de toute espèce de connaissances littéraires,
et n'ayant pour guide que l'instinct d'un patriotisme
brut, durent mettre d'entraves au génie : c'était
Midas jugeant Appollon ; aussi les auteurs dramatiques ne sachant plus ce qu'il était bon ou mauvais,
permis ou défendu de publier, cessèrent tout-à-coup
d'écrire par haine pour la tyrannie, ou peut-être
seulement pour le tyran ; aussitôt naquit ce débordement de petits ouvrages qui inondent encore aujourd'hui nos théâtres, misérables et stériles productions, la honte du goût et du siècle. J'en appelle

à ceux qui ont vu les derniers beaux jours de la
scène française; en retrouvent-ils aujourd'hui quelques traces? qu'offrent nos ouvrages dramatiques,
des caractères à peine ébauchés, des esquisses impar-
faites, des traits manqués, sans comique et souvent
sans morale; heureux quand l'auteur se borne là,
et qu'il veut bien nous faire grace du fracas des batailles, des incendies et des destructions! Quel amas
indigeste de monstruosités et de sottises! on a réuni
pour nous plaire tout ce qui pouvait affliger l'ame;
c'est aujourd'hui le seul moyen de nous remuer.
Nous ressemblons à ces gourmands dont le goût est
usé à force de délicatesse; leur palais, pour sentir,
a besoin d'alimens qui le piquent au passage: tel est
aujourd'hui l'art dramatique en France. Qu'il me
soit permis de dire ce qui opérera sa ruine complète
avant dix ans, si le gouvernement ne prend lui-
même le moyen de nous le conserver.

Avant la révolution chaque théâtre avait son
genre, l'un jouait la tragédie, l'autre l'opéra,
celui-ci la pantomime, celui-là les arlequinades,
chacun se bornait à son institution, et n'en pouvait
sortir; aujourd'hui on confond tout, et un théâtre
réunit quelquefois les quatre genres à-la-fois. Ce
n'est pas tout, le même ouvrage est souvent une
aggrégation de tous les genres, c'est-à-dire qu'il est
tout-à-la-fois opéra et ballet, comédie et tragédie.
De pareilles monstruosités, capables au plus d'amu-

ser le bas peuple, font cependant les délices de Paris, c'est-à-dire de la ville du monde qui se pique d'avoir le plus de goût. D'où vient cette extravagance générale ; le voici : les gens de goût qui fréquentaient jadis les spectacles, ne peuvent plus y aller ; ceux qui les peuplent aujourd'hui n'y allaient jamais. De-là les bons théâtres ont dû être abandonnés, et les mauvais courus ; et qu'on ne croie pas que cette étrange révolution dans le goût soit un caprice du moment, c'est une conséquence de la nature des choses, et j'ose assurer que si le gouvernement n'arrête ce débordement, tous les théâtres, et particulièrement le grand opéra, seront forcés, avant deux ans, de sacrifier au mauvais goût des riches modernes, parce qu'en dernière analyse, les arts sont toujours dans la dépendance de la fortune.

Il n'y a qu'un moyen d'empêcher cette révolution, c'est de défendre à chaque théâtre, sous de fortes peines, de sortir de son genre ; cette défense n'est point opposée à la liberté de l'industrie ; c'est au contraire le désordre dont je me plains qui est une violation de la règle ; car, dans la société, il n'est pas permis à un individu d'exercer plusieurs professions à-la-fois (1).

____

(1) Avant la révolution, les Français avaient inspection sur la moitié des Boulevards, et les Italiens sur l'autre moitié ; ils arrêtaient les pièces de ces petits Spectacles, lorsqu'elles s'écartaient de la bouffonnerie, dont ils ne pouvaient sortir. Cette police était très-bonne, mais non dans les mains des Théâtres, qui sont toujours despotes : c'est au gouvernement à l'exercer.

La décadence du goût a par-tout une marche uni-forme ; chez les Romains elle s'est annoncée par les mêmes symptômes que chez nous. Le peuple, sous Néron, était fou de pantomimes ; on ne pouvait l'en rassasier, et les Plaute, les Térence étaient relégués dans le fond des bibliothèques. Cette décadence ne se fait pas voir chez nous seulement dans les ouvrages dramatiques, elle s'annonce aussi dans tous les arts de goût, et dans la déclamation surtout. On ne fait plus d'élèves dans aucun théâtre, et on perd jusqu'à une tradition de douze ans. Un acteur débute aujourd'hui dans les premiers emplois, à peine s'est-il donné le tems de passer par les rangs intermédiaires ; il n'a pour tout talent qu'une certaine assurance qu'il prend pour de la facilité et de la grace, mais il étudiera le goût du public, composera là-dessus sa physionomie, son maintien, son jeu, et quand il aura trouvé le secret de se faire applaudir, ce sera un acteur parfait.

La musique et l'art d'écrire s'étaient conservés assez purs en France jusqu'à l'époque de la révolution, mais depuis ils ont cruellement dégénéré ; voyez les ouvrages du jour ; quel faste de mots, quelle profusion d'images ! c'est un mélange confus de beautés et de défauts, d'élégance et de mauvais goût ; ici de l'élévation dans les idées, avec de la bassesse dans les mots ; là des pensées communes, revêtues d'expressions recherchées, par-tout de l'en-

flure ou de l'affeterie, et jamais cette noble simplicité qui sait unir la force des images à l'énergie
de l'expression.

Le caractère de la musique n'a pas été moins al-
téré pendant la révolution; parce qu'on avait à exprimer des sentimens nouveaux, on a cru qu'il
fallait une manière nouvelle, et nos compositeurs se
sont jetés dans tous les écarts de l'enthousiasme. Ils
ont pris de l'originalité pour du génie, de la difficulté pour de la force, et du bruit pour de l'harmonie ; entendez leurs compositions; quels mouvemens convulsifs, quelle confusion de parties, quel
fracas d'accompagnemens, il n'y a pas un son
qui aille à l'ame; pourquoi étouffer ainsi la mélodie
sous la multitude des accords; est-ce là la véritable
harmonie? A entendre cette foule d'instrumens différens, il semblerait que l'objet de la musique serait
d'agir seulement comme son sur les fibres de la machine humaine et non sur sa sensibilité. Pour moi,
je sors de l'Opéra-Comique, étourdi, la tête pleine
de sons, mais le cœur vide et froid. La musique
doit-elle donc être autre chose qu'un discours noté,
et n'est-elle pas mauvaise si elle ne produit sur nous
le même effet que ferait un beau poëme. Ce ne
sont certainement point les modèles qui nous manquent, nous en avons chez nous d'excellens, quoiqu'on puisse dire de la prosodie de notre langue, et

des obstacles qu'elle oppose à la mélodie ; entendez Œdipe à Colone, ou Iphigénie en Aulide, il n'y a pas un morceau qui ne ravisse l'auditeur d'admiration, tout est chef-d'œuvre, jusqu'aux choses les plus indifférentes ; quand Clytemnestre, flattée des respects que le peuple rend à sa fille, lui dit : *que j'aime à voir ces hommages flatteurs qu'ici l'on s'empresse à vous rendre ;* quelle vérité de sentiment dans la musique ; il n'y a personne qui ne se dise, je me serais ainsi exprimé si j'avais été Clytemnestre. Je ne cite point ce passage comme un morceau d'éclat, et d'une composition savante ou difficile, mais comme un modèle de goût, de simplicité et de convenances. Dès qu'on s'écartait de la manière des grands maîtres, le goût devait nécessairement se perdre ; ce n'est pas que je condamne le génie à n'être qu'imitateur et à ramper servilement dans des routes battues ; j'admire même avec toute la France ce que la liberté a inspiré de plus beau en ce genre ; qui ne se sent transporté en entendant ces chants belliqueux, immortels comme le peuple qu'ils conduisaient à la victoire. Mais combien en citerions-nous de ce genre ?

Autant que j'ai pu observer, il y a une chose qui, plus que toute autre, contribue dans ce siècle à la décadence de la musique, c'est le peu de soins que nos compositeurs prennent d'étudier la scène, et l'ignorance où ils sont généralement de ses effets. Comment cependant la musique excitera-t-elle dans l'ame des spectateurs les passions qu'elle veut y faire naître, si le compositeur ne se met lui-même en situation, s'il ne connaît tous les ressorts dramatiques, enfin, s'il n'est tout-à-la-fois peuple, acteur et musicien? mais il s'occupe si peu du public, en composant, que dans un morceau il répétera souvent jusqu'à fatiguer l'oreille, une phrase qui aura caressé la sienne. Encore s'il daignait consulter le poëte, mais le poëte n'est qu'un mécanicien; qu'il fasse des vers, et qu'il ne se mêle pas d'harmonie; il est pourtant vrai que si le musicien ne se décide à étudier la scène, ou s'il ne rentre sous la dépendance du poëte, il faut désespérer de voir la musique s'affranchir du mauvais goût qui la domine.

Ce mauvais goût s'est communiqué même à la manière de chanter; à cette belle-simplicité qui sait allier la grace à la force, on a substitué je ne sais quel genre qu'on nomme italien, misérable jargon dépouillé de toute espèce d'harmonie; une voix mâle, pleine et bien nourrie blesserait l'oreille, il faut pour la charmer, amaigrir son organe, flûter ses sons et broder son chant, tel est l'arrêt de la mode : et l'on appelle cela le bon goût; ce n'est que sa grimace, une telle manière déshonore à-la-fois l'art et l'artiste; mais les arts sont comme les courtisans, ils flattent tous les goûts de leurs maîtres.

Qu'on ne prenne point ce que je viens de dire là pour la mauvaise humeur d'un censeur qui a besoin d'exha'er sa bile, ou pour les déclamations d'un homme qui joue le passionné; j'ai eu en vue de rechercher les causes de la décadence du goût, et non de faire la satyre de mon siècle; au reste, la France n'a pas tout perdu, elle possède encore dans tous les genres, de ces génies heureux qui ont su se sauver de la barbarie et du mauvais goût de la fin de ce siècle, et je saisis avec empressement cette occasion de leur rendre un hommage public, dans la crainte qu'elle ne se présente plus dans le cours de ma vie.

Je sens que je n'ai pu annoncer la ruine prochaine des arts et des sciences en France, sans avoir en quelque sorte contracté l'engagement d'indiquer les moyens de la prévenir; je consacrerai le chapitre suivant à cet objet.

CHAPITRE X.

Des Arts et des Sciences chez un peuple libre.

DANS une monarchie, ce sont les beaux arts que le prince encourage d'abord, parce qu'ils jettent sur lui une sorte d'éclat. Les arts mécaniques passent après, quoique beaucoup plus utiles, c'est que chez les rois, ce qui est utile à rarement la préférence; mais dans une république, ce qui sert à assurer l'indépendance de la nation, doit être encouragé avant tout. Un peuple libre, dans l'état d'esclavage où gémissent encore presque tous les peuples, est, en quelque sorte, en état de défense contre le reste de la terre; il doit faire en sorte de se passer de ses voisins; nous sommes fort loin encore des Anglais pour la manière de travailler le fer et de polir l'acier; d'autres peuples nous surpassent par leurs procédés dans beaucoup d'arts, et nous ne serons vraiment libres que quand nous les aurons atteints dans les divers genres où ils excellent. La politique laisse à nos agens, à l'extérieur, tant de momens de loisir, ne pourraient-ils pas épier chez l'étranger ce qu'il peut y avoir de bon à prendre, pour en enrichir leur patrie? Il y a par-tout à profiter; chez le peuple le plus ignorant on trouve souvent d'excellens modèles dans les choses destinées a l'usage de la vie. C'est une méthode plus simple, un procédé nouveau, des élémens différens, mille autres choses enfin que le génie national pourrait s'approprier, et qui deviendraient ou des moyens de perfection, ou de nouvelles branches d'industrie. Les plus belles inventions sont dues souvent aux choses les moins faites en apparence pour y donner lieu; et l'on ne doit pas oublier que c'est l'ingénieuse adresse d'un enfant qui avait besoin d'aller jouer avec ses camarades, qui a donné l'idée de ces soufflets à ressorts mis depuis en usage dans toutes les forges.

Il est beau sans doute pour un gouvernement, d'encourager, par toutes sortes de moyens, l'industrie à créer, à imaginer, mais l'esprit humain a nécessairement une marche lente; il tâtonne long-tems avant d'arriver à quelques faibles résultats; les progrès des arts et des sciences seraient bien plus rapides si l'on épargnait au génie national ces longs et dégoûtans essais, et s'il n'était destiné qu'à perfectionner les procédés bruts qu'il aurait dérobés aux étrangers.

Le gouvernement charge bien nos agens de recueillir à l'extérieur tout ce qu'ils croiront propres à avancer chez nous le perfectionnement des connaissances humaines, mais ses vues, à cet égard, n'ont jamais été que très-imparfaitement remplies.

D'abord les agens consulaires sont d'ordinaires des hommes étrangers aux arts, peu jaloux conséquemment de concourir à leurs progrès. Ce genre d'études, en effet, suppose des lumières, une sorte d'esprit philosophique, qui sache observer et analyser, et cela passe leur portée; aussi quand on leur fait quelques questions sur les diverses espèces d'arts et de sciences qu'on peut cultiver dans le pays où ils résident, ils répondent généralement qu'il n'en existe point du tout, cela est plutôt fait. Quant à ceux qui, par goût, sont portés à se livrer à ce genre d'observations, ils le font rarement; tantôt ce sont des instrumens qui leur manquent, tantôt c'est que le pays n'a point de savans avec qui ils puissent communiquer; mais en général j'ai observé que c'est le défaut d'argent qui ne leur permet pas de se déplacer pour aller observer au loin, dans les villes ou dans les campagnes.

Il n'est venu, je pense, à l'idée d'aucun autre gouvernement de mettre ainsi à contribution le génie étranger, et j'ose assurer que si on savait mieux tirer parti de cette belle conception, qu'on ne l'a fait jusqu'à ce jour, les arts mécaniques surtout marcheraient à leur perfection avec une telle infaillibilité de moyens, que dans vingt ans d'ici la France aurait non-seulement réparé toutes ses pertes, mais même triplé ses moyens d'industrie.

Il faudrait pour cela que le gouvernement fît participer

ticiper les agens au-dehors, aux encouragemens qu'il donne à l'industrie regnicole, c'est-à-dire qu'il accordât une récompense à celui qui transmettrait une découverte importante à l'humanité. Ces agens méritent véritablement autant de la patrie, que s'ils étaient les inventeurs du secret qu'ils font connaître ; car dans l'esprit des encouragemens, c'est moins l'homme qu'on récompense que l'utilité de son invention, et je ne doute pas que s'ils pouvaient compter sur une gratification quelconque, chacun d'eux ne cherchât l'occasion de la mériter, résidât-il chez des sauvages. On veut bien attribuer aux distractions de la guerre, et aux travaux de la politique, la stérilité de la correspondance scientifique de ces agens ; ces circonstances peuvent y avoir quelque part, mais la véritable cause c'est le défaut d'encouragemens. Nous avons, par exemple, fait commencer à Athènes des fouilles dans de vieux temples, et elles ont été très-heureuses, puisqu'on y a trouvé plusieurs bas-reliefs qu'on a reconnu être de Phidias ; il ne faudrait que très - peu de fonds pour les faire continuer, et certes ce sont des mines importantes à exploiter ; on enrichirait la France d'une foule d'antiquités précieuses qui seraient pour elle une source nouvelle de prospérité, et pour nos ornemanistes d'admirables modèles. Mais soit esprit de paresse, soit que, en effet, nous perdions tous les jours le goût des beaux arts, nous avons abandonné ces fouilles, tandis que des

L

voisins, qui savent répandre l'or à propos, s'emparent des riches dépouilles de la Grèce. Que fait à la sculpture que le Laocoon et l'Apollon du belvédère soient devenus le prix de notre courage en Italie ; cette belle conquête flattera plus l'orgueil national qu'elle ne sera utile à cet art. Nous possédions déja une foule de copies de ces deux chefs-d'œuvres. Le moyen de perfectionner les arts, c'est de les enrichir de modèles nouveaux, et la Grèce nous en offrirait dans tous les genres, sans que leur possession nous coûtât une seule goutte de sang. Mais il semble qu'à nos yeux la difficulté d'obtenir les choses, leur donne seule du prix. Ne serait-ce pas aussi que l'on considère les beaux arts comme une chose frivole et indifférente à la prospérité d'une nation ? Cependant ce qui fait vivre une classe considérable d'individus, et rend les étrangers tributaires de l'industrie nationale, n'est point une chose indifférente en soi ; une superfluité même est une chose nécessaire dans un état comme la France, où le luxe est une conséquence indispensable du système économique sur lequel elle est gouvernée. Les beaux arts ne sont pas seulement utiles dans le moment qu'ils fleurissent ; long - tems après ils sont encore pour la patrie une source de gloire et de richesses ; l'Italie et Rome particulièrement ne vivaient depuis deux siècles que du tribut qu'elles levaient sur la curiosité des étrangers.

De tous les arts de luxe, il n'en est pas qui aient plus souffert de la révolution que la sculpture et la peinture ; niera-t-on cependant l'influence de ces arts sur les mœurs publiques ; n'est-ce pas eux qui perpétuent la mémoire des morts, et ne donnent-ils pas aux vivans le desir d'être aussi immortalisés ? ils font plus, ils instruisent les siècles à venir, et leur donnent des leçons de vertus et de patriotisme. Quand je vois le buste de Socrate et de Caton, je converse avec ces grands hommes, et j'apprends d'eux à mourir. Tour-à-tour citoyen de Rome et d'Athènes, je foule la même terre qu'eux, j'habite la même patrie, et j'honore les mêmes Dieux. Pouvoir admirable des beaux arts ! par eux je vis tout-à-la-fois dans le présent et dans le passé. Je suis contemporain de tous les siècles ; tout ce qui n'est plus revit pour moi ; les générations anciennes sortent du tombeau pour m'instruire, et je recule mon existence pour ainsi dire jusqu'à l'origine du monde. L'histoire transmet bien aux races éloignées le nom des bienfaiteurs de l'humanité, et de ceux qui l'ont déshonorée ; mais les monumens de la peinture et de la sculpture, outre qu'ils ont sur elle l'avantage d'être la scène vivante des siècles passés, sont aussi beaucoup plus durables qu'elle. Ils échappent au feu, à la barbarie des conquérans ; le tems même n'agit sur eux que lentement ; mais l'histoire, mille évènemens ordinaires peuvent détruire ses pages, et les ravir à la postérité, malgré le secours de l'imprimerie ; que sera-ce si elle a encore à redouter la fureur d'un conquérant destructeur, ou d'un despote ignorant, et n'est-ce point un miracle que la belle histoire de Tacite ait pu traverser la longue suite des règnes stupides qui ont déshonoré le Bas-Empire, et arriver presque sans accident jusqu'à nos jours ?

La sculpture en France a plus souffert encore que la peinture : une foule de jeunes élèves que leur ciseau ne pouvait plus nourrir, ont embrassé de nouvelles professions ; mais la décadence de cet art tient sur-tout à des causes qui lui sont particulières. Il ne faut au peintre qu'un pinceau, des couleurs et une toile, et cela se trouve par-tout ; il faut au sculpteur des marbres, et le gouvernement seul peut les lui fournir. Mais ce qui a le plus contribué à faire tomber la statuaire, c'est le génie particulier des hommes qui ont long-tems gouverné la France. Qu'on voie les monumens qu'ils ont fait élever, que dis-je ? qu'on se les rappelle ; des arcs de triomphe, des obélisques de bois, des statues, des tombeaux de plâtre, point de bronze, point de marbre, rien qui annonçât au peuple que la liberté ne serait pas passagère en France ; c'est que ces monumens étaient élevés à des divinités du jour ; les tyrans sont pressés de jouir parce qu'ils ne sentent pas leur puissance durable.

En général, ce qui fait que les révolutions nuisent

aux beaux arts, c'est que d'ordinaire elles ruinent ceux qui les encourageaient, et enrichissent des hommes qui n'en connaissent pas le prix Un individu peut acquérir subitement une grosse fortune, mais non ce qu'il faut pour la bien dépenser ; le goût des beaux arts est un fruit de l'éducation. Cependant tout le monde en France ou se donne aujourd'hui pour amateur, ou bien a la manie de vouloir passer pour artiste ; il n'est pas un faiseur de perruques qui ne se qualifie tel, pas un commis qui ne soit un petit Mécène. Cela arrive toujours après les grandes révolutions, où les nouveaux parvenus ont intérêt de laisser soupçonner une origine distinguée, et c'est d'ordinaire le signe le plus évident de la décadence des arts. Paris est plein de ces hommes enrichis qui achètent à grands frais, sans choix comme sans goût, les chefs-d'œuvres en tout genre qui ornaient autrefois les palais. Comme ces gens sont sans mérite personnel, ils cherchent à se donner de l'importance par celle de leur mobilier; et chez eux ce qu'il y a de plus commun, c'est le maître de la maison. Ils commandent une bibliothèque comme nous commandons un meuble. Allez chez ces gens, vous verriez avec quel orgueil ils étalent tout ce qu'ils ont; ils sont si étonnés d'avoir quelque chose ! aussi au milieu de cet engouement général de la nation pour les beaux arts, les artistes sont dans l'indigence; que leur sert en effet qu'un riche ignorant paie sans mesure des ouvrages antiques „ s'il n'en fait point faire de nouveaux? Il est bien question d'honorer des artistes morts depuis plusieurs siècles ; il faut faire vivre ceux qui existent ; c'est là aimer les arts pour eux , et non par vanité; aussi ce ne sera pas la possession des chefs-d'œuvres de l'Italie et de la Grèce, qui leur rendra en France leur ancien éclat sans émulation et sans argent, le gouvernement ne fera rien ; il dispose du premier moyen ; je vais lui indiquer comment il pourra pourvoir au second, sans qu'il en coûte rien au trésor public.

Les nouveaux riches , soit par vanité, soit pour se faire pardonner ce qu'il peut y avoir d'irrégulier dans la manière dont ils ont acquis leur fortune, sont très-disposés à en faire un emploi honorable. Que le gouvernement tourne leur goût pour l'ostentation vers les statues et les tableaux , qu'il mette ce genre de luxe à la mode , rien pour lui de si facile; mais qu'il ne se borne pas là ; qu'il leur inspire le desir d'orner un portique, une place, de construire un acqueduc , ou de faire une fontaine publique. Rome était ainsi pleine de monumens consacrés par les particuliers à l'ornement de ses quartiers et à l'honneur de leur postérité. Ce n'était cependant qu'à titre de grace qu'on obtenait du sénat la permission de signaler sa munificence par quelqu'édifice public, et il fallait pour cela avoir rendu de grands services à l'état. Chez nous ce ne sont point les occasions qui manqueront aux riches s'ils veulent appliquer à quelque monument utile leur immense superflu. Les provinces nouvelles que la France vient d'ajouter à son territoire, sont séparées d'elle par des barrières, ouvrage de la nature ou de la politique ; il faut les faire disparaître, et rendre ces provinces communicatives ; c'est un canal à ouvrir, une montagne à percer, une chaussée à construire, un pont à élever ; mais comme il faut aux riches un appât qui les porte vers ce genre d'utilité publique, que l'honneur de donner son nom au monument qu'on aura fait construire, devienne la récompense de celui qui l'aura fait ériger ; chez un peuple naturellement vain, l'envie d'être distingué tient lieu de tout ; et qu'on ne croie pas que ce serait recréer en France la noblesse et les distinctions. Les distinctions ne sont un fléau que quand elles sont héréditaires ; quand elles meurent avec l'homme, quand elles ne sont qu'une récompense personnelle, elles sont la source des plus grandes choses.

La stérilité des artistes, depuis que la France est libre, a fait croire à beaucoup de personnes que le gouvernement d'un seul est plus favorable aux beaux arts que celui de plusieurs, mais cela n'est vrai que sous le rapport des encouragemens pécuniaires. Le monarque récompense largement parce qu'il donne ce qui ne lui appartient pas. Mais si dans un état libre, on ne dispose pas aussi facilement de la for-

tune publique, ce gouvernement a, comme je viens
de le faire voir, mille autres ressorts qui manquent
au prince. Athènes était certainement une république
au moins aussi libre que la nôtre, et quel pays sur
la terre a porté à un plus haut degré la perfection
de tous les arts, et particulièrement de la peinture
et de la statuaire ? C'est que le gouvernement avait
eu le secret d'inspirer au peuple même le goût de ces
arts ; de plus, il avait adroitement fermé la porte à
toute espèce de luxe, et celui des tableaux et des
statues était le seul qu'il eût permis aux riches : par
là il avait assuré aux artistes le premier encouragement, celui de l'argent, mais ce n'était pas le seul
qui fut offert au génie. La gloire, le respect, l'admiration, tout ce qui peut flatter l'amour-propre de
l'homme, et l'élever au-dessus de ses semblables,
était aussi la récompense du talent. Les chefs-d'œuvres
formaient le patrimoine de la république ; ils étaient
exposés dans les places publiques, sous le portique
des temples, par-tout où le peuple pouvait aller les
admirer, et l'artiste vivant jouissait en quelque sorte
de son immortalité.

Pour se dispenser d'encourager les arts, on a souvent dit que le climat avait sur eux une influence
exclusive. Pour moi, je nie qu'il en ait aucune ; ils
fleurissaient plus au fond de la Sibérie, aux extrémités du Pôle, s'ils y étaient encouragés, que sous le
ciel de l'Attique où ils ont cessé de l'être. Il y a

même', à cet égard, une observation sans réplique, c'est que l'Italie moderne, berceau de la peinture, a porté cet art aux dernières limites de sa perfection, et que l'ancienne, à l'époque même où les arts de luxe formaient le goût dominant de la nation, n'a jamais produit un seul peintre digne d'être cité. Certes, le climat de l'Italie n'a point changé, et les causes phisiques auraient dû agir à cette époque, comme elles ont agi il y a deux siècles, si elles avaient eu la puissance qu'on leur suppose; mais la véritable raison, c'est qu'à Rome on aimait les ouvrages de l'art, et qu'on méprisait la profession de peintre.

La statuaire, quoiqu'un peu plus en honneur, partageait pourtant le mépris qu'on avait pour sa compagne, car l'histoire ne nous a transmis le nom d'aucun artiste célèbre en ce genre. Il y avait pourtant à Rome des sculpteurs depuis sa fondation, mais l'art était resté dans son enfance; et même après l'asservissement de la Grèce, les Romains empruntèrent le talent des Grecs, toutes les fois qu'ils voulurent consacrer un fait mémorable. Paul Émile, après avoir détruit le royaume de la Macédonie, ramena avec lui à Rome le peintre Métrodore, pour travailler aux décorations de son triomphe. J'ai souvent cherché à expliquer le mépris des Romains pour ces deux arts, et j'ai cru en deviner la cause. Rome était essentiellement militaire, et dans tout gouvernement ainsi constitué, la seule profession honorable doit être celle des armes ; à Rome, il n'y avait qu'elle et l'éloquence qui menassent aux dignités de l'état. Cette république, par la suite, cessa bien d'être libre, mais non d'être conquérante, et le préjugé dut se maintenir dans toute sa force sous la monarchie; quand il eut pu se détruire , les guerres continuelles que Rome avait à soutenir au-dehors, et la loi qui obligeait tous les jeunes gens à servir l'état, auraient été un obstacle à la perfection de ces arts. Auguste fit tout ce qu'il put pour les honorer ; il orna les différens quartiers de la ville , et les portiques des temples, de tous les chefs-d'œuvres que la conquête de la Grèce avait mis en sa possession ; il en fit acheter d'autres à grands frais ; il agissait d'abord comme roi qui protége les arts par vanité ; ensuite il avait senti que Rome, devenue par la guerre, la maîtresse de tous les trésors de l'Asie, et ayant dans son sein des particuliers plus riches que les plus puissans rois , serait exposée à tous les désordres qui naissent de l'excès des richesses, si on ne leur ouvrait une porte légitime pour circuler dans l'état. Il réussît bien à mettre à la mode le luxe des tableaux et des statues, mais il ne pût faire estimer les artistes. Je ne sais s'il n'entrait pas une sorte d'orgueil dans le préjugé de cette singulière nation; elle ne se croyait pas faite pour être imitatrice. Elle aimait mieux se passer d'une perfection que de la prendre sur-tout d'un peuple qu'elle avait vaincu.

Au reste, il paraîtra toujours étonnant, que jalouse comme elle l'était de vivre dans les siècles les plus reculés, et connaissant mieux que toute autre le sentiment de la véritable gloire, elle ait dédaigné les seuls arts qui pouvaient éterniser la sienne.

Après l'art de la guerre, ce qu'elle estimait davantage, c'était l'éloquence. L'éloquence, chez un peuple libre mène aux premières magistratures ; si la forme de notre gouvernement avait été plus favorable à cet art, la France se serait vue, en peu de tems, illustrée par une foule d'orateurs célèbres. C'est au milieu des brigues, des séditions, des assemblées tumultueuses, que la véritable éloquence à son empire. On la voit quelquefois siéger au barreau et dans la chaire ; mais elle n'y a point ces transports fougueux, ces grands éclats que l'ambition et l'enthousiasme de la liberté, ces deux grands ressorts, produisent toujours. L'éloquence du barreau est le désordre de la nature, étudié, calculé, travaillé, mais ce n'est jamais la véritable nature.

Quant à la poésie, elle eût presque toujours à Rome le caractère qu'elle doit avoir chez un peuple qui n'estime les talens qu'autant qu'ils sont utiles à la société. Les poésies d'Horace, sous le masque de l'épicurisme, cachent un grand fond de raison et de philosophie. Il écrivait dans un siècle aussi éclairé que corrompu, et pour le corriger, il fallait déguiser la satyre sous les formes aimables du plaisir ; un peuple dépravé, mais vain, est plus sensible aux ridicules qu'aux injures ; et Juvénal dût faire rougir ses contemporains, mais non pas les changer.

Quant à Virgile, il n'est pas un de ses ouvrages qui n'ait pour objet la gloire et la prospérité de sa patrie. Les guerres civiles avaient dépeuplé Rome et ses campagnes. Il composa ses Géorgiques pour ramener les Romains au goût de l'agriculture et aux vertus de leurs ancêtres. Son Enéide n'a pas un but moins moral. Ce beau poëme, en rappelant sans cesse aux Romains leur origine céleste , fortifiait en eux l'opinion qu'ils étaient nés pour la monarchie universelle. Cette idée aggrandissait le caractère national , et lui inspirait l'audace des grandes choses.

Si la poésie changea d'objet sous les empereurs, c'est qu'il ne fut plus possible de parler de la patrie , sans faire leur satyre ; les académies, comme le sénat, étaient muettes ; sous Tibère cependant il y en eut une qui proposa cette question : *Comment doit-on écrire l'histoire dans un pays libre* (1) ? était-ce un raffinement de flatterie, ou une satyre adroitement déguisée sous un air de liberté ?

En France, sous la monarchie, les sciences s'écartèrent souvent de leur véritable objet, mais la poésie particulièrement ; tantôt prenant la houlette, elle s'amusa à chanter le règne fabuleux des bergers et leurs antiques amours; tantôt endossant l'habit d'esclave, elle alla ramper chez les grands et cares-

____

(1) Dion. l. 4.

ser leurs faiblesses. Plus souvent encore, elle célébra des Phrynés, et immortalisa le vice; presque jamais dans les beaux jours même de sa gloire, elle n'eût le caractère sévère que les mœurs exigent d'elle : je me trompe; sur les théâtres elle fut, à cette époque, tout ce qu'elle devait être. Souvent elle donna des leçons sévères aux rois, humilia l'orgueil des grands, et apprit à nos bourgeois à respecter leur condition. Mais sitôt que le goût eût commencé à tomber, on ne la vit plus que sur les toilettes et dans les boudoirs; elle ne quitta le sein de Clycère, que pour aller fouler l'émail des fleurs; enfin elle ne parla plus que la langue des caillettes, et jusques sur nos théâtres elle sacrifia au mauvais goût.

Plus les sciences, en France, sont loin de leur objet, plus le gouvernement leur doit d'encouragemens pour les y ramener. Mais dans un pays libre, de quelle nature doivent être ces encouragemens, et quelle classe de savans doit-on encourager de préférence? Cette question est neuve encore; les poëtes, je le sais, la décident en leur faveur. Ils se sont de tout temps placés au-dessus des autres écrivains, sans doute parce qu'ils ont un commerce avec les Dieux; mais cette préséance qu'ils réclament comme le droit de la supériorité, ne serait-elle pas un préjugé consacré par la monarchie? Je sais que le prince encourage plus la poésie que les ouvrages de morale, mais c'est parce qu'ayant plus d'éclat, et plus de ce qui sé-

duit le vulgaire des hommes, elle flatte plus sa vanité ; d'ailleurs la poésie orne et embellit le trône ; la
philosophie au contraire le sappe jusques dans ses
fondemens. Mais, de bonne foi, n'est - ce pas le
degré d'utilité qui doit marquer les rangs entre les
écrivains ? si Homère et Virgile font l'admiration de
tous les siècles, c'est qu'ils joignent au titre de poëtes
celui de précepteurs du genre humain. On naît
poëte, dit-on, et cette intention de la nature décide
de la prééminence ; mais pense-t-on que le travail
seul ait fait les Tacite et les Montesquieu, les Cicéron
et les Mirabeau, et n'accordera-t-on pas à la nature
quelque part au génie de ces hommes célèbres. Que
fait à l'état qu'elle ait donné le jour à un grand
poëte, si ses talens ne tournent pas au profit de la
société, et ne serait-il pas insensé de le placer par
les récompenses ou par les éloges à côté du grand
capitaine qui a sauvé la patrie, ou du grand magistrat qui la fait fleurir. Disons la vérité ; une préférence humilie, un encouragement égal entretient
l'émulation ; tous les écrivains ont droit aux récompenses, il suffit qu'ils soient utiles ; ce que je dis là
des écrivains, je le dis des artistes. J'aime un grand
peintre, un habile sculpteur, la toile et le marbre
s'animent sous leurs mains, et je m'applaudis d'être
leur contemporain pour les admirer ; mais s'ils dé-
gradent leur art par des compositions sales et trop
libres, la patrie s'honorera-t-elle de leurs talens?

leur doit-elle des encouragemens ? elle pleurera plutôt le jour où ils sont nés. Quant à ces encouragemens , il faut qu'ils soient proportionnés à la difficulté de la perfection : il n'y a que de grandes récompenses qui puissent payer de grands travaux. Le marchand qui passe sa vie à auner du drap, le banquier à circuler son papier, l'ambitieux à courir après les honneurs, et l'oisif à ne rien faire, ne savent pas ce qu'il en coûte pour devenir bon écrivain, savant naturaliste, artiste habile ou poëte sublime. Mais l'argent ne suffit pas pour payer les talens, aussi suis-je loin de conseiller ces rétributions secrettes que le gouvernement accorde souvent au mérite; ou ces récompenses en masse dont il a quelquefois adopté le système. Une telle manière d'encourager nuit au trésor public, sans que l'émulation y gagne. Que celui qui aura fait un chef-d'œuvre, outre la rétribution pécuniaire d'usage, reçoive en public quelques-uns de ces honneurs qui ne sont réservés qu'à nos premiers magistrats; le beau poëme des Georgiques valut à Virgile l'honneur d'être salué au théâtre comme l'empereur. Les prix que distribue l'institut national sont donnés d'une manière trop obscure; cela se fait dans l'intérieur d'un petit appartement; celui qu'on couronne n'a que quelques savans pour témoins de sa gloire; son nom ne passe point l'antichambre, et n'est pas même répété par les journaux. Qu'importe que la médaille pèse un peu plus ou un

peu moins : quelques écus de plus sont-ils de la gloire?
j'ai vu une distribution de prix : c'est la première
du conservatoire de musique ; jamais, je pense, assemblée ne fut plus digne de l'objet qui la réunissait.
Une enceinte vaste et magnifiquement ornée, l'éclat
de la puissance directoriale, la présence des ambassadeurs étrangers, celle de la représentation nationale
de l'institut national, des corps constitués de Paris,
la réunion enfin de tous les amis des arts, donnaient à
cette fête une pompe, une majesté que je n'ai vue nulle
part. Qu'il était glorieux d'être couronné au milieu
des applaudissemens d'une pareille assemblée ; quelle
émulation pour tous les artistes ! ô la belle république
que celle qui aurait beaucoup d'institutions de ce
genre, et que la monarchie avec tout son faste et son
orgueil soutiendrait mal la comparaison !

Que le gouvernement multiplie ces sortes d'encouragemens, et il verra les arts et les sciences sortir
bien vite de l'état de langueur où la guerre les a
plongés. Il faut lui répéter souvent qu'il n'y a point
de liberté sans lumières; c'est à elles que nous avons
dû la nôtre ; sont-elles moins nécessaires pour la conserver qu'elles ne l'ont été pour la conquérir ? Si des
institutions de ce genre coûtaient beaucoup, cette
considération pourrait être de quelque poids, mais
quand il n'y a pour ainsi dire que de la gloire à distribuer, il est inexcusable de négliger les encouragemens. Le ministère de l'intérieur , jusqu'à présent,

n'a

n'a presque rien fait pour eux. Peut-être est-ce moins la faute de ceux qui l'ont conduit, que celle du système de destitution continuellement suivi à leur égard. Un ministre qui n'est en place que pour un moment, n'a pas le tems de faire exécuter ses vues. Ces destitutions ont tant d'inconvéniens, et sont en général si opposées aux principes d'une bonne administration, que je ne puis m'empêcher d'en dire ici quelque chose.

CHAPITRE XI.

Des Ministres.

RIEN au monde n'imprime plus le caractère de la faiblesse aux actes du pouvoir exécutif, que les fréquens changemens dans le ministère ; le peuple ne peut mettre sa confiance dans un gouvernement qui ne sait lui-même où placer la sienne. En effet, quand le directoire destitue un ministre, c'est comme s'il disait au peuple : cet homme a mal géré sa place. Or, si cela se répète fréquemment, que peut penser le peuple, si ce n'est que la chose publique est généralement mal gouvernée. Mais ce n'est pas là le seul mal qui résulte de ces sortes de changemens : un ministre qui entre en fonctions, suit rarement le plan de son prédécesseur ; il arrive avec un système nouveau, des vues différentes, et des créatures nouvelles ; ce sont d'autres formes, c'est une marche qu'on n'a point encore suivie ; ce n'est pas tout : pendant quinze jours au moins, toute espèce d'affaire est arrêtée ; il faut bien que le nouveau ministre se mette au fait de l'administration, afin de ne point donner sa signature au hasard ; il n'y a que les choses urgentes qui passent, ou bien ces affaires scabreuses qui ont été écartées sous l'ancien ministre, et qu'on reproduit sous le nouveau, à la faveur du changement ; tout languit, tout souffre, et les particuliers , sous cette continuelle succession de ministres , trouvent plus commode à la fin d'acheter la justice que de se la faire rendre.

Les changemens dans le ministère ont de si funestes conséquences, que j'irais presque jusqu'à dire que le gouvernement doit maintenir ses choix, quand ils ne sont pas essentiellement mauvais ; car je ne sais s'il ne vaudrait pas mieux qu'il eût à corriger les bévues journalières d'un ministre mal-habile, que de publier qu'il a eu tort de lui donner sa confiance. Cela fait toujours un mauvais effet dans le public ; mais c'est bien pis, lorsque le ministère se renouvelle presque en totalité ; rien alors n'égale le désordre de ces changemens, que le mépris général dans lequel tombe l'autorité qui les ordonne, parce que le peuple voit clairement que l'intérêt public n'y est pour rien , et que les ministres destitués sont des victimes que chaque parti s'est mutuellement cédées.

Une autre inconséquence, c'est que le directoire rend souvent une ambassade aux ministres qu'il a déplacés ; cependant de deux choses l'une, où ils avaient mal géré leur place, ou ils l'avaient bien remplie : dans le premier cas, on ne leur en doit point d'autre ; dans le second, ils ont été renvoyés injustement. On a beau dire qu'un homme qui n'est point propre à tel ministère en France, peut en remplir un à l'étranger, cela n'est pas ; je dis même que l'ambassade exige beaucoup plus de talens que la plupart des ministères. Un ministre a toutes les qualités qu'il doit avoir, lorsqu'il est bon administrateur, et ordonnateur économe. Dans les affaires épineuses et délicates, comme il est toujours près de l'autorité supérieure, il la consulte, prend son avis, et ne court point risque de faire de fausses démarches ; mais un ambassadeur éloigné du centre de la puissance, ne peut prendre conseil que de lui dans les circonstances les plus importantes pour sa nation, et souvent il n'a qu'un moment pour se déterminer. Il faut qu'il ait le coup d'œil aussi prompt que juste, qu'il soit prudent sans être timide, mesuré sans paraître défiant, et pénétrant sans jouer la ruse ; qu'il allie l'air simple avec le ton de la dignité, et qu'il sache faire, tout-à-la-fois, aimer et respecter sa nation ; que sais-je enfin, il lui faut mille qualités qui sont inutiles à un ministre ordinaire.

Pour éviter les inconvéniens de ces déplacemens, que le directoire soit assez ferme pour maintenir dans le ministère l'homme de mérite qu'il y aura élevé, malgré les déclamations de ses adversaires. Quelque propre qu'un ministre soit à sa place, quelque bien qu'il y fasse, il a toujours des ennemis ; il a d'abord ceux de la république, ensuite cette foule de gens habitués à vivre des abus du gouvernement. Si le ministre les réforme dans son département, on l'appelle injuste ; s'il les laisse subsister, on le dénonce comme ignorant ou fripon ; qu'il voie clair à tout, il est minutieux ; qu'il abandonne les détails, ce sont ses commis qui gouvernent ; son économie s'appelle de la mesquinerie, sa surveillance de l'inquisition, et son amour pour l'ordre une manie ; enfin, ses meilleures qualités, on les donne pour des vices. Il faut vraiment beaucoup de courage pour accepter le ministère ; mais il en faut bien plus quand, avec les dégoûts de la place, on a encore à redouter l'inconstance du gouvernement. Qu'un ambitieux sans mérite, qui ne voit dans les dignités que ce qui flatte sa vanité ou sa cupidité, brigue ou accepte un ministère, cela n'a rien qui étonne ; toutes les places conviennent à ces sortes de gens, ils ne conviennent à aucune. Mais pense-t-on qu'un homme de mérite véritablement estimable, et plus jaloux de sa réputation que de vains honneurs, voulût s'exposer sur un théâtre aussi orageux, y monter décrié, pour en descendre bientôt au milieu des huées ? N'a-t-il point vu le sort de ses prédécesseurs ? ils ont passé comme des ombres ; s'exposera-t-il à les suivre ? Quand un homme droit accepte une place de ce genre, il se met bien au-dessus des calomnies, il souffre d'être accusé d'incapacité, de friponnerie ou d'incivisme, mais c'est parce qu'il espère qu'il aura le tems de prouver l'injustice de ces accusations. Que le gouvernement tienne à ses choix, mais qu'il les fasse bons, cela n'est pas difficile ; car il n'y a peut-être pas de pays au monde où le vrai mérite soit moins rare qu'en France, et la classe des patriotes elle-même regorge d'hommes très-éclairés ; aussi n'est-il pas aisé de concevoir comment les choix du gouvernement sont quelquefois si déplorables, que le peuple abandonné à son instinct, choisirait mieux. Dans une monarchie, où le prince redoute les grands talens, il n'est pas étonnant que les dignités soient le partage ordinaire de la médiocrité ; on veut des hommes qui ne soient ni au-dessus ni au-dessous de leur place ; mais dans une république comme la nôtre, où le pouvoir change de mains et se renouvelle en partie tous les ans, non-seulement ceux qui gouvernent n'ont aucun intérêt d'éloigner le véritable mérite, mais la république ne peut même s'élever à de brillantes destinées, qu'autant que le pouvoir s'entourera de grandes lumières.

Quand le gouvernement n'appelle près de lui que des hommes sans mérite, qu'en résulte-t-il ? qu'il est obligé de faire leur besogne, et qu'il est tout-à-la-fois et la tête qui ordonne, et le bras qui exécute, chose très-dangereuse, sur-tout dans les républiques. D'abord cela décharge les ministres d'une responsabilité qui, dans les vrais principes, ne devrait presque peser que sur eux ; ensuite cela leur ôte de la considération, sans rien ajouter à celle du directoire, qui n'a besoin ni d'agir par lui-même, ni d'être le distributeur immédiat des faveurs, pour mériter nos respects. Le peuple, qui ne voit que la main qui donne, s'habitue à regarder les ministres comme des espèces de commis sans pouvoir. Outre la déconsidération que cela jette sur eux, il en résulte un grand désordre dans l'administration publique. Comme il se trouve alors deux balances et deux justices, les particuliers s'adressent de préférence au directoire, comme autorité supérieure ; et s'il est question d'un emploi, par exemple, on peut regarder comme une règle générale que celui qui l'obtient du directoire, passe sur le corps à ceux qui y ont plus de droit que lui ; il n'a évité la juridiction du ministre, que parce que ce dernier n'appelle aux emplois que dans l'ordre des services, et que le directoire, qui ne connaît pas cet ordre, ne croit pas faire une injustice. Dans un gouvernement libre, l'autorité qui récompense, peut bien, en faveur du mérite, s'écarter des règles ordinaires, cela est même utile ; mais comme le mérite est rare, les exceptions ne doivent pas être communes. En général, si les passe-droits humilient et découragent sous la monarchie, où les choses les plus méritées sont des faveurs, on les voit avec bien plus de répugnance dans un état libre, où chacun a un droit égal aux récompenses publiques : une ame libre et fière, s'indigne d'une exclusion non-méritée. Combien de fois n'a-t-on pas vu le vrai mérite rejeté, quitter une patrie injuste, et aller porter chez l'étranger de grands talens militaires, un art utile, ou une découverte importante. Ces sortes d'injustices ont toujours été plus communes en France que par-tout ailleurs; rarement dans ce pays on a su mettre les hommes à leur place; c'est que par-tout où les femmes gouvernent et disposent des emplois, le mérite se mesure plus sur les qualités physiques que sur les facultés morales.

La France, depuis Colbert, ne pourrait pas compter plus de deux bons ministres des finances; voilà pourquoi sa prospérité a toujours été si éloignée du terme où elle aurait dû naturellement atteindre, si elle n'avait pas été sans cesse confiée à des mains inhabiles, et on ne peut nier que ce ne soit les longues fautes de l'ancien gouvernement à cet égard, qui ont amené la ruine de la monarchie, et déterminé la révolution.

Chez toutes les nations de l'Europe, telles qu'elles sont aujourd'hui constituées, il y a deux ministères qui exigent des connaissances presqu'universelles, celui des finances et celui de l'intérieur; l'agriculture, les arts, le commerce intérieur et extérieur, les douanes, les manufactures, les impôts, les mines, et en général tout ce qui influe directement en bien ou en mal sur la prospérité publique, forme le domaine commun de ces deux ministres. Il faut non-seulement qu'ils aient une connaissance profonde de leur administration particulière, mais qu'ils sachent de plus quoi se compose toute la machine politique, qu'ils connaissent les rapports que les parties ont entr'elles, l'emploi des rouages, leur force, leur effet les uns sur les autres, et sur la machine entière, afin d'être toujours en état de remédier au désordre, et de retablir la liberté et la régularité de ses mouvemens, si un accident intérieur ou extérieur venait à déranger le mécanisme de ses ressorts. En effet, la prospérité d'une nation peut-être tout-à-coup affectée au-dehors par la perte d'une branche de commerce, ou au-dedans par un impôt mis indiscrètement. L'effet nécessaire de ces deux circonstances, est de nuire, dans une égale proportion, à l'agriculture, aux manufactures et à la population. Si les hommes d'état dont je parle, ne savent pas sur-le-champ découvrir d'où part le mal, on verra le revenu public diminuer d'une manière sensible. Que faire alors pour subvenir aux dépenses ? on augmente les impôts, on altère les monnaies, on réduit forcément les intérêts, ou bien on a recours à la ressource ruineuse des emprunts, on sacrifie l'avenir aux folies du présent, on crée des rentes, des charges, des privilèges, et la nation, dans ce funeste état de choses, ressemble à ces corps attaqués d'affections morbifiques, qu'on voit traîner une existence faible et languissante, jusqu'à ce qu'ils tombent d'épuisement, ou qu'une main habile, venant à découvrir le principe inconnu de la maladie, dégage les sources de la vie, des parties étrangères qui les empoisonnaient.

Aussi des ministères de cette importance ne doivent-ils jamais être confiés qu'à des hommes profondément versés dans la science de l'économie politique. Un jeune homme peut avoir le don de la parole, un grand courage et de vastes talens militaires ; il pourra même, si la patrie est travaillée au-dedans par une guerre civile, et au-dehors menacée par des armées puissantes, devenir son libérateur, et se montrer supérieur à tout son siècle dans la science des armes ; l'histoire offre quelques exemples de ce genre, et j'en pourrais citer chez nous d'assez beaux, si je ne m'étais fait une loi sévère de ne jamais louer les vivans. Mais l'art des batailles n'est point celui de gouverner les hommes ; on ne fait point un homme d'état de la même manière qu'on fait un homme de guerre. En matière d'économie politique, les erreurs de l'ignorance sont de la plus funeste conséquence ; car elles frappent tous les individus d'une nation. Un autre inconvénient, c'est qu'un ministre dépourvu des lumières qu'exige sa place, est dans l'inévitable nécessité de recourir à celles des autres. Qui garantira au gouvernement la capacité, la moralité même des individus en qui il a confiance ? Ne profiteront-ils pas de l'espèce d'obscurité où ils se trouvent, pour travailler plus à l'accroissement de leur fortune particulière,

qu'à celui de la fortune publique? Sont-ils communs
ces hommes qui, dans un rang secondaire où il n'y
a point de responsabilité à redouter, peuvent être
cités pour n'avoir point deshonoré leur administration par un trafic honteux et des gains illicites ? Ces
abus dégoûtans n'appartiennent-ils pas à tous les gouvernemens où on a le malheur d'appeler au ministère des hommes incapables, et doit-on attendre plus
de vertu, plus de désintéressement dans un pays où
la pauvreté est une flétrissure, et où l'on se passe plus
aisément de considération que de richesses ? Ce que
je dis-là d'une certaine classe d'hommes, je le dis des
ministres. Il y a dans une petite république voisine de
la nôtre, une belle loi ; c'est celle qui défend de con-
férer les premières dignités de l'état à tout homme
qui n'est pas au-dessus du besoin. En effet, il faut
bien de la vertu pour se conserver pauvre au milieu
de tant de moyens de cesser de l'être, et de faire les
affaires des autres, sans être tenté d'améliorer les
siennes. Ces beaux traits ne se voient guères que dans
les états neufs, où il y a encore des mœurs. Cependant j'oserais presqu'assurer qu'ils pourraient devenir
communs en France, si le gouvernement voulait
suivre, à l'égard des ministres, un système de constance. Mais un homme qui n'est que d'hier dans le
ministère, et qui n'y sera peut-être pas demain,
se hâte de faire sa fortune ; une fois destitué, peut-il
redevenir commis ? Qui lui donnera du pain, s'il ne

s'en est assuré pour le reste de ses jours ? Malheureusement cet esprit d'avidité ne se borne pas au ministre, l'exemple gagne les commis ; il n'y a pas jusqu'aux garçons de bureaux qu'il faut payer : c'est un véritable coupe-gorge qu'un pareil ministère. Je ne sache rien au monde qui avilisse plus un gouvernement, rien qui amène plus rapidement sa destruction, que ce misérable esprit de vénalité : c'est par où finissent les vieux gouvernemens, il ne faut pas que notre république commence par-là. Il n'y a rien à espérer d'une nation libre, où les uns achètent, et où les autres se font acheter. Il se trouvera quelque jour un homme qui sera assez riche pour payer l'esclavage de tous ; et quel obstacle trouvera-t-il dans un pays où l'on craint moins d'être asservi que de manquer l'occasion de gagner ? Quand il y a chez un peuple quelques principes de morale, ceux qui gouvernent ont le plus grand intérêt de ne pas les laisser corrompre, parce que la morale est un trésor qui ne s'épuise que lentement ; l'argent, au contraire, est une puissance d'accident sujette à manquer à tout moment, et dans un pays où l'on a eu la maladresse d'en faire l'unique ou le principal ressort de l'esprit public, l'autorité du gouvernement finit souvent où commence sa pauvreté. En France on n'a peut-être pas à redouter aujourd'hui cet inconvénient, parce que la république a toute la force d'une institution neuve ; mais quand ce ne sera plus une chose nou-

velle, on sentira combien il est difficile de gouverner un peuple libre dont il faut payer jusqu'aux
devoirs. L'or n'a jamais fait que des esclaves, et je
ferai voir dans le chapitre suivant que la liberté n'aura
chez nous qu'une courte durée, si le gouvernement
ne s'empresse de monter l'esprit public sur des principes moins sujets à se corrompre.

CHAPITRE XII.

De l'esprit public, et des causes qui perdent les États libres.

L'ESPRIT public est le degré d'affection que le peuple porte au gouvernement qu'il s'est donné. Il y a bien un esprit général dans les monarchies, mais il n'y a vraiment d'esprit public que dans les états libres, parce que ce n'est que là où il y a une patrie, qu'on peut s'affectionner pour elle. J'ai tant de choses à dire sur cet objet, que je ne sais par où commencer ; cependant je parlerai d'abord du directoire exécutif. Le directoire, comme source d'esprit public, est, pour les administrations en général, ce que le soleil, comme foyer de la chaleur universelle, est pour toute la terre ; il la réchauffe de ses rayons, elle se charge ensuite de distribuer cette chaleur féconde dans toutes les parties du systême végétal, pour animer et développer les germes qui reposent dans son sein.

Je ne connais qu'une seule manière de conduire des hommes libres ; c'est la douceur. On gouverne bien pendant quelque tems par la force ; mais toute puissance qui ne se soutient que par elle, est de sa nature très-précaire ; car la force est sujette à changer de mains ; mais par douceur, je n'entends point celle qui avoisine la faiblesse, et qui consiste plus à tolérer qu'à défendre, à conseiller qu'à ordonner, à ménanager les partis qu'à les réduire ; mais cette douceur qui, dans celui qui commande, s'allie à une fermeté vigoureuse. Rien au contraire n'est plus funeste à l'esprit public, qu'un air incertain et mal assuré dans l'attitude du gouvernement. Tant qu'il marche sans crainte, sans inquiétude, avec le sentiment de sa force, son exemple entraîne tout, et il y a dans l'état un esprit public, vigoureux et unanime ; mais sitôt qu'il s'arrête, et qu'il paraît avoir peur des factions qui l'entourent, l'hésitation s'empare des administrations subalternes, l'esprit public par-tout se resserre, se replie sur lui-même, et l'état est menacé d'une convulsion prochaine. Ces reculades politiques n'ont que trop souvent livré la France à la fureur des réactions; il faut qu'un mouvement continuel, une volonté constante, fasse enfin arriver la république à ses hautes destinées ; c'est trop lutter contre d'impuissans ennemis ; il faut, la constitution à la main, pousser la nation dans la république.

Je dis la constitution à la main, car je ne connais rien qui aigrisse un homme libre comme l'arbitraire mis à la place des lois ; j'aime mieux un despotisme bien franc qu'une pareille liberté. Ce que je n'aime point, sur-tout, c'est que le gouvernement use sa puissance dans des minuties. Il y a, dans ce qui forme l'esprit public, une foule de choses indifférentes qui ne se commandent pas, il faut qu'elles viennent d'elles-mêmes ; quand elles sont ordonnées comme loi, vous voyez tout le monde résister, se roidir et refuser l'obéissance avec opiniâtreté ; c'est que ces sortes de choses tiennent aux manières, et que les manières ne se réforment pas par la violence, comme les lois politiques. Véritablement la tyrannie qui s'exerce sur des riens, est mille fois plus insupportable que celle qui attaquerait la liberté générale, et elle n'a pas des conséquences moins funestes pour l'esprit public ; car aussitôt qu'on s'apperçoit qu'il y a dans l'état une volonté plus forte que la loi, la crainte s'empare de toutes les ames, et rien n'abrutit les esprits et ne les prépare à la tyrannie comme la crainte. Dans un état libre il faut que chaque citoyen soit toujours sûr de ne point avoir contre lui le gouvernement, quand il aura la loi pour lui. Ce que je dis là des manières, je le dis des paroles et des écrits. Chacun doit pouvoir dire et écrire tout ce qu'il pense, non-seulement sur la chose publique, mais même sur ceux qui la gouvernent. Dans les états libres, ce ne sont ni les paroles ni les écrits qu'on doit punir, c'est le silence des citoyens. Les jalousies, les haines, les accusations appartiennent à l'esprit républicain ; il faut que ces passions puissent s'exhaler en liberté. Rome fut libre et toute puissante, tant que cet esprit d'indé-

pendance

pendance anima tous les citoyens , et la république fut perdue le jour où Sylla se fit craindre.

Si par-tout le gouvernement doit respecter la liberté des citoyens, c'est sur-tout quand la loi les a placés devant les tribunaux. Les tribunaux doivent être une barrière sacrée contre les atteintes du pouvoir : ce serait ou l'anarchie la plus complette , ou le despotisme le plus absolu, si son influence pouvait y poursuivre un accusé. Un décret du sénat défendait à Rome de mettre à la question les esclaves d'un maître accusé ; Tibère les faisait vendre avant l'instruction du procès (1) ; admirable expédient pour ne pas violer la loi. Le caractère propre de ce prince, était de fouler aux pieds la justice en paraissant très-scrupuleux sur les formes. Quand le gouvernement paraît poursuivre un accusé, la conscience des jurés se révolte, et finit souvent par absoudre le crime lui-même. L'affaire de Brottier et de Lavilleurnois en est la preuve. Si on avait laissé suivre à la justice son cours ordinaire, il n'y a pas de gouvernement sous lequel ces grands coupables n'eussent porté leurs têtes sur l'échafaud. Ils ont été acquittés sur l'intention ; les juges ont mieux aimé absoudre des criminels,

---

(1) *Et quia vetere senatus consulto quæstio in caput domini prohibebatur, callidus et novi juris repertor Tiberius, mancipari singulos actori publico jubet, ut in libonem ex servis senatus consulto salvo quæ reretur.*

Ann. Tac. liv. 2. ch. XXX.

N

que de paraître des instrumens de vengeance ; c'est
que le juré honnête qui a à prononcer sur le sort de
son semblable, ne veut point qu'on le soupçonne
d'être dépendant dans la chose du monde où il importe le plus d'être libre. La constitution a sagement
mis le pouvoir judiciaire dans l'indépendance absolue
du directoire ; en effet, à quoi ne serait pas exposée
la vie des citoyens, si, avec le droit d'être accusa-
teur, on lui avait donné celui d'être juge ? mais j'avoue
d'un autre côté que je voudrais que la constitution
lui eût accordé le pouvoir de faire grace. Ce pouvoir
fait aimer l'autorité suprême par la rigueur même
des lois. La monarchie était fière de ce droit, et en
effet c'était le plus beau de ses attributs ; il assimilait
le prince à ces divinités bienfaisantes, recours ordinaire des hommes dans l'infortune. Le trône était le
refuge des condamnés, et la clémence du monarque
leur dernière espérance. Combien ne devait-on pas
aimer un prince qui avait le mérite de tout le bien qui
se faisait, et qui laissait aux lois tout l'odieux des pu-
nitions ! C'est un beau privilège qui manque à la puissance du directoire. Il a maintenant assez, peut-être
trop de ce qu'il faut pour se faire craindre, qu'il songe à
se donner à la revision, ce qui peut le faire aimer.

Sous toute espèce de gouvernement, rien n'influe
plus sur l'esprit public que le mode d'élévation aux
emplois publics ; dans une république, il faut éviter
qu'ils ne deviennent, comme sous la monarchie, le

patrimoine de quelques familles. Je crains que le corps des représentans ne remplace incessamment chez nous le corps aristocratique des nobles. Pour éviter cela, que le gouvernement appelle indifféremment tous les citoyens aux places; autrel que cela entre dans l'esprit de la république, l'étranger à admettre tout le monde aux emplois, comme un édifice gagne en solidité à mesure qu'il a plus de surface. Dans les gouvernemens où cela a lieu, tous les hommes ont de l'ambition, l'émulation règne par-tout, et comme on ne peut s'élever que par des talens distingués, c'est à qui en aura le plus. On se plaint aujourd'hui que tous les emplois soient donnés de préférence au militaire, et on a tort; c'est à celui qui a conquis la patrie à jouir des fruits de la conquête. On doit aux armées non-seulement d'avoir fait la victoire au dehors, mais de n'avoir point eu de part à l'anarchie au-dedans. Après les militaires, ceux qui ont le plus de droits aux faveurs du gouvernement, ce sont ces familles républicaines dont l'anarchie a dévoré les chefs, et à qui il ne reste que leur amour pour la patrie. On a déja vu le gouvernement s'occuper d'acquitter une partie de ces dettes sacrées (1); cette attention l'honore. Il est beau, il est digne d'éloges de savoir distinguer, à travers les sol-

____

(1) À Bordeaux, toutes les veuves des anciens proscrits ont été pourvues des premiers bureaux de loterie.

lic tations importunes de l'intrigue et de l'ignorance, l'humble pétition du malheur; mais désormais le mérite seul doit être appelé aux emplois; car si l'intrigue ou la bassesse en abrège la route, les honnêtes gens, les hommes vraiment de mérite, ou se retireront ou préféreront, pour y arriver, la voie la plus longue à la voie la plus courte.

Au reste quoique fasse un gouvernement réformateur, il lui est difficile, dans sa naissance, de donner à l'esprit public une impulsion assez générale pour faire marcher de suite toutes les volontés publiques et particulières, vers la conservation de l'institution nouvelle. Il y a particulièrement chez un peuple qui sort de la monarchie, tant de petits préjugés, que le tems seul peut déraciner ! Par exemple, en France il en existe un bien singulier, je ne dis pas dans le peuple qui n'a pas d'instruction, mais dans cette classe d'hommes qui est supposée en avoir quelqu'une ; c'est qu'une république ne peut convenir à un grand état. Ce que ces personnes ne croient pas avoir été, elles ne le supposent pas possible ; elles vous citent toujours Rome et Sparte, et bornent toutes les libertés à deux ou trois formes, sans réfléchir qu'il y en a autant de sortes qu'il y a de moyens de les combiner avec la prospérité d'un peuple, et que l'autorité de l'antiquité n'a point ici de poids, parce que les lambeaux qui composent notre histoire ancienne, sont moins l'histoire complette de la législation du genre humain, que celle de quelques nations, échappée par hasard aux ravages du tems, et à la barbarie des conquérans.

Il y a encore une autre raison qui ne les éloigne pas moins de la république ; c'est que dans leur esprit, la liberté se lie aux idées de brigue, d'élections et de querelles ; elles ne voient qu'un état en désordre, un peuple toujours en l'air, s'agitant beaucoup et ne jouissant jamais ; cela les épouvante. Elles ne réfléchissent pas d'abord que sous notre système représentatif, le peuple ne se réunit qu'une seule fois dans l'année pour les affaires de l'état ; ensuite elles ne voient pas que les dissentions civiles chez les peuples libres, ne sont jamais dangereuses que dans les gouvernemens qui ne sont pas capables de correction. On s'irrite contre un abus auquel on sent qu'on ne pourra échapper légitimement, et comme il est inhérent au gouvernement, on ne détruit jamais l'un sans renverser l'autre. Mais chez nous où la revision perfectionne tous les dix ans le code politique, il n'y a rien à redouter des querelles de la liberté. Si on n'est pas bien, on apperçoit du moins le terme où on sera mieux. Français, qui tous les jours déclamez contre votre gouvernement, connaissez-vous bien ce que vous décriez ? Nommez-moi le pays où l'on vive sous des lois aussi douces. Quel peuple sur ce globe, où le despotisme se joue par-tout de l'humanité, peut se dire, dans un an, dans six mois, je cesserai de souffrir ; aujourd'hui je suis bien, demain je serai encore mieux Où est le gouvernement ainsi constitué, que ses propres lois l· poussent à la perfection, qui se répare à des epoques périodiques, s'entretient dans une continuelle jeunesse, et échappe pour ainsi dire à la loi de la nature, qui a condamné tout à périr? Est ce de la limitation de votre liberté que vous vous plaignez ? Ah! que toutes les nations voudraient être esclaves comme vous, et que je crains bien plutôt que vous ne vous plaigniez d'être libres.

Ceux qui ne voient à la liberté qu'un air menaçant et des formes turbulentes, ne refléchissent pas que chez nous la machine du gouvernement ne se meut pas, comme dans la démocratie pure, par la puissance des bras, mais par celle de trois volontés. Cette forme de gouvernement ressemble bien en ce sens à celui d'un seul; mais le partage de l'autorité entre cinq personnes, nous donne tous les avantages de la monarchie, sans les inconvéniens qui y sont attachés, Leurs volontés, dira-t-on, peuvent être désunies; qu'importe! Elles peuvent se réunir contre le corps législatif; qu'importe encore! Il ne faut pas regarder la lute des pouvoirs destinés à se balancer, comme le présage d'une convulsion générale; il en est d'un état comme de cet univers, ce qui est discordant dans la partie, fait accord dans l'ensemble. C'est l'union constante des trois corps politiques qui causerait la perte de la liberté, parce qu'un tel concert entre des pouvoirs faits pour être rivaux, supposerait nécessairement, de la part de l'un d'eux, une renonciation à son droit d'indépendance. Or, une pareille transaction peut bien être utile à celui qui la fait, mais jamais à la liberté publique. A Rome elle ne se maintint que par la perpétuelle opposition qui régnait d'un côté entre les tribuns et le sénat, et de l'autre entre les membres de chacun de ces corps. Malheureusement le peuple souffrait de ces dissensions, parce qu'il avait une part continuellement active au gouvernement de l'état ; mais chez nous, par la nature des choses, ces orages se tiennent dans la région du pouvoir, et ne doivent pas descendre sur le peuple. Tels que nous sommes constitués, nous n'avons qu'une seule chose à redouter pour notre liberté, et cette chose, je vais la dire ; mais je préviens que cela mérite la plus sérieuse attention de la part du gouvernement, puisqu'il est question de préserver la république de l'ecueil où la liberté s'est perdue dans tous les pays où elle a existé sur la terre.

Dans un état libre, il y a nécessairement de tems en tems des divisions, soit entre le peuple et ceux qui gouvernent , soit entre les différens pouvoirs eux-mêmes. Loin que ce soit un mal , cela tend au contraire tous les ressorts politiques, comme je l'ai dit, et la liberté n'en est que mieux affermie. Mais quand ces orages passagers dégénèrent en une tempête continuelle, lorsque le présent fatigue et que l'avenir épouvante, chacun se trouve mal à son aise, et soupire après un changement, comme l'unique remède aux maux de l'état. Il n'y a plus alors qu'à choisir le tyran entre les bras duquel la république ira se jeter. Telle était la situation de la république romaine, quand Auguste usurpa l'empire ; d'un côté une servitude qui offrait le repos et la paix, de l'autre une liberté sous laquelle rien n'était sûr : le choix n'était pas douteux. Ceux qui durent leur fortune à ce changement, aimèrent mieux en jouir tranquillement sous l'état présent que de la risquer pour rétablir la démocratie ; des honneurs consolèrent les autres de la servitude ; les provinces elles-mêmes se prêtèrent sans peine à ce nouveau plan (1), faute de confiance dans le gouvernement du peuple et du sénat.

Qu'on ne s'y trompe pas, la liberté n'a pas péri à Rome parce qu'Auguste fut un tyran, mais Auguste usurpa l'Empire parce que l'Empire avait besoin d'un maître ; le crime n'est point à lui, mais au sénat qui avait amené l'état violent où se trouvait la république. Auguste eût été un des plus fermes appuis de la liberté publique s'il se fût trouvé dans d'autres circonstances, et le tribun Gracchus, tout

______

(1) *Ne que provinciæ illum rerum statum abnubant suspecto enatus populi que imperio.*

Tac. Ann. liv. 1. ch. II.

populaire qu'il était, s'il fut né dans ces tems de désordres, eut lui-même disputé l'Empire à Auguste.
Qu'on se rappelle quelle était en effet la situation de
Rome à cette époque ; au-dehors des armées expa-
triées depuis long-tems, appartenant plus à leurs chefs
qu'à la république, au-dedans un sénat sans vigueur,
une anarchie violente, un peuple d'esclaves, attendant que la victoire eut décidé du choix de ses
maîtres, et deux ou trois ambitieux se disputant
l'honneur de l'être. Ce fut le sénat qui perdit la
liberté. Il ne fallait pas plus de César que de Pompée, d'Antoine que d'Auguste. Qu'est-ce dans un
état libre que des citoyens qui ont plus de réputation que la république elle-même, plus de pouvoir
que les lois, plus de richesses que des rois, et plus
de considération que le gouvernement ? Il fallait que
le sénat eut la force de casser tous ses généraux à-la-
fois, et de leur substituer des républicains agréables
aux légions. Pompée sans pouvoir, César abdiquait
le sien. Mais il n'y avait déja plus dans ce sénat ni
dans ce peuple, rien du génie puissant qui avait
élevé Rome à de si brillantes destinées ; voyez - les
lorsque la bataille d'Aktium eut donné à Auguste
l'Empire du monde, quelle dégradation dans les esprits ! Il y a une maniere noble encore de devenir
esclave ; on reçoit des fers qu'on ne peut éviter, on
cède au joug qu'on vous impose par force, enfin
jusques dans la servitude même, on peut conserver

l'attitude et le caractère d'un homme libre. Mais les Romains ! les lâches, comme disait Tibère, couraient au-devant de l'esclavage ; leurs honneurs à César, sa déification, ce sénat tout entier qui veut porter sur ses épaules le corps d'Auguste au bûcher, qui place Livie vivante encore au rang des immortels, et lui décerne un culte public ; quelle bassesse ! mais c'est bien pis quand Tibère prend les rênes de l'état, consuls, sénateurs, chevaliers, c'est à qui sera plus vil ; on ne veut point trop pleurer Auguste, cela serait désobligeant pour son successeur ; on ne veut pas non plus se réjouir indécemment de sa mort, Tibère en serait bien plus choqué ; chacun compose son visage sur le ton qu'il croit pouvoir être agréable au prince ; de-là un mélange de joie et de tristesse, d'adulation et de regrets ; il n'y avait pas un demi-siècle que Rome était esclave, elle avait déja toute la dégradation d'une monarchie corrompue.

Mais cette république n'est point la seule où la servitude s'est introduite à la suite d'un gouvernement faible ou tyrannique ; ce fut la même cause qui amena l'asservissement de la Grèce : chacun des états libres qui formaient la confédération générale, fut heureux et puissant, tant que chez lui l'autorité du gouvernement prévalut sur celle des particuliers ; mais, quand l'anarchie s'y fut introduite, on préféra le joug de Philippe à une liberté qui ne savait que

détruire. Carthage aurait de même péri par la faiblesse de son gouvernement si elle n'eut pas succombé sous les armes de Scipion. Elle sentait bien
son mal, quand Annibal était en Italie ; pendant dix-
huit ans, elle refusa de lui envoyer le plus leger
secours ; et ce fut de sa part une politique prudente ;
si ce général eût pris Rome, Carthage deunirée par
les factions, et livrée à tous les excès de la liberte,
se serait infailliblement jetée dans les bras d'un vainqueur aussi puissant qu'irrité.

Dans le dernier siècle, c'est à ces mêmes divisions
qu'il faut attribuer les efforts impuissans des Anglais
pour se constituer sous une forme démocratique. Ce
n'est certainement ni la grandeur du territoire ni le
génie du peuple qui s'opposaient dans cette île à
l'établissement d'une démocratie pure, elle a tous les
élémens propres à la former ; mais dans les courts
momens de sa liberté, la nation se trouva si malheureuse, si fatiguée, qu'elle préféra le despotisme de
Cromwel à une démocratie toujours convulsive.

Si le gouvernement veut que la liberté soit durable
en France, qu'il ne la place ni dans le despotisme ni
dans l'anarchie, car la tyrannie naît infailliblement
d'un état violent ; qu'il conduise la république de
manière que chacun trouve plus d'avantages à rester
sous le gouvernement présent qu'à retourner à la monarchie ; quand on voit la chose publique successivement poussée d'excès en excès, il se forme dans

l'esprit de chacun un doute sur son existence future ; mais quand elle a une marche fière et indépendante, tout le monde se dit la république tiendra. Enfin, tout l'art est de ne pas mettre le peuple dans l'alternative de se donner un tyran ou de le devenir lui-même. Pour cela, que le gouvernement soit assez grand pour renfermer son autorité dans les limites constitutionnelles ; qu'il laisse aux lois leur pouvoir, aux magistrats leur jurisdiction, aux deux sénats leurs fonctions ; s'ils devenaient dépendans, ils ne seraient bientôt sous la république que ce qu'étaient les parlemens sous la monarchie, c'est-à-dire des barrières impuissantes contre le despotisme ; que gagneraient à ces funestes changemens ceux qui, dans la courte durée de leur puissance, auraient eu la faiblesse de s'y prêter ? Rentrés dans l'ordre des citoyens, ils seraient eux-mêmes soumis à la tyrannie qu'ils auraient établie : c'est dans ce pouvoir qui renouvelle tous les ans partiellement la puissance exécutrice que se montre le chef-d'œuvre de notre constitution. Il force le tyran lui-même à mettre des bornes à ses usurpations ; il l'avertit de ne point violer la liberté publique, de peur que redevenu citoyen, on ne le punisse d'avoir été oppresseur en l'opprimant à son tour ; enfin il le place dans l'heureuse nécessité de faire le bien, quand ses passions le porteraient à faire le mal.

Mais c'est sur-tout l'indépendance des élections que

le directoire et le corps législatif doivent s'attacher à respecter, autrement la liberté en France ne serait que le droit d'élire ceux dont on devrait être esclave ; on influencera leurs choix une année où cela sera peut-être utile, mais l'année suivante on fera infailliblement la même chose sans le même besoin. Quand l'esprit public se trouve tellement mauvais, qu'on a besoin de diriger les choix électoraux, c'est toujours la faute du gouvernement qui, avant les élections, a conduit l'opinion publique d'une manière irrégulière, c'est-à-dire en-deçà ou au-delà de la liberté constitutionnelle ; il faut bien alors violer la constitution pour la conserver, mais un gouvernement prudent prévient le malheur de devenir un gouvernement violateur. Ce que je dis-là de l'indépendance des élections, je le dis des choix qu'elles ont faits. C'est perdre la liberté publique que de les attaquer ; ils peuvent la compromettre un jour, dit-on ; singulière précaution de la tuer par respect pour elle, et de commettre une violation certaine par crainte d'une violation qui n'est qu'hypotétique. Il n'y a jamais qu'un danger imminent et présent qui nous doive déterminer aux violations. Le mal qui résulte de leur fréquence, c'est qu'on n'en voit plus le terme. C'est une mer dont le rivage recule toujours, l'œil n'apperçoit de tout côté que tyrannie, il n'y a plus rien de sûr. Les principes qui étaient bons hier, seront mauvais demain ; je me noierai aujourd'hui sur la planche avec laquelle je me serai sauvé hier. J'ai vu des personnes qui pensent que c'est une nécessité pendant dix ans, de violer toutes les formes conservatrices pour affermir la liberté. Mais est-ce par la violation que l'on va aux principes ? remonte-t-on d'ailleurs du mal au bien, autrement que par des moyens violens, et la correction ne sera-t-elle pas abus, quand on voudra rentrer dans la règle ?

Que le gouvernement diminue l'influence des grandes réputations ; il ne doit jamais y avoir rien au-dessus de lui dans l'état ; l'excès de considération pour un homme est un vol fait à la sienne ; qu'il se communique plus souvent au peuple ; on a dit que la puissance gagne à être vue de loin ; cela est bon sous le despotisme ou dans la monarchie, où le prince a plus besoin d'inspirer de la crainte que de l'amour ; mais dans les républiques, cela choque l'esprit d'égalité. Le peuple aime que ses premiers magistrats se rapprochent de lui, parce que le spectacle de leur puissance lui rappelle qu'il en est la source ; qu'il soit doux sans être faible, ferme sans être violent, et surveillant sans être inquisiteur ; qu'il rende le plutôt possible. et dans le midi sur-tout où les têtes sont ardentes comme le climat, aux manufactures abandonnées leur ancien éclat, au commerce ses consommateurs nationaux et étrangers, et à l'industrie toute son activité ; car les maux de la patrie viennent en partie de la cessation des travaux dans les grands laboratoires. Quelque vigilante que soit l'autorité, il lui est difficile de contenir dans l'ordre un peuple nombreux que poursuit le besoin.

Que la presse soit libre : ceux qui font entendre au gouvernement qu'il faut enchaîner la pensée pour donner à la liberté le tems de s'affermir, sont des lâches qui dépouillent le peuple pour donner au pouvoir. Ils disent en même tems une absurdité politique. Ce n'est point dans les liens de la servitude qu'on se forme aux mouvemens de la liberté. Asservir une fois le peuple, c'est se mettre dans la nécessité de l'asservir toujours. Il n'y a qu'esclavage là où les plumes sont captives. La république, sous de pareilles formes, pourra être gouvernée avec un grand silence, mais ce sera le silence du despotisme; elle se perpétuera, mais ce sera la perpétuité des abus. Les écarts de la presse, avant le 18 fructidor, ne prouvent pas qu'on en doive suspendre ou limiter la liberté, mais seulement que le gouvernement n'en dirigeait plus l'influence, ce qui était un mal. Est-ce le royalisme qu'on craint; il n'est redoutable que lorsque le gouvernement cesse d'être ferme. Qu'il veuille fortement et constamment la liberté, et il l'aura. La république a pour elle l'autorité de la force, elle a de plus celle des lumières. Certes, une nation qui a joui huit ans d'une liberté sans bornes, a contracté une roideur de caractère, une habitude de raisonner, un goût même pour les affaires pu-

bliques qui rend impossible tout retour au despotisme.

La limitation de la liberté de la presse fait ce mal, qu'elle
est pour le gouvernement un gage qu'on n'attaquera
pas son pouvoir, sans être pour les citoyens un ga-
rant qu'il n'en abusera pas contre eux. Il arrive par-
là que le gouvernement est tout-à-fait à couvert, et
le peuple tout-à-fait sans défense, que l'un peut opprimer sans crainte, et l'autre être opprimé sans difficulté. Cependant est-ce dans une société bien ordonnée que toutes les chances de la liberté doivent être
contre la masse gouvernée, en faveur de l'autorité
qui gouverne; et cette dernière peut-elle avoir légitimement, avec le droit de faire tout le mal qu'elle
voudra, celui d'empêcher encore la plainte. Des
gens appellent cela un gouvernement fort : ce n'est
pas là le terme; il y a peut-être une manière de conduire violemment à la liberté un peuple indocile ou
impatient du joug, mais celle dont je parle ne mène-
rait jamais qu'à la servitude; car, comme personne
n'aurait la faculté de se plaindre, ceux qui gouvernent prendraient le silence de la crainte pour le
calme de la liberté.

Point de bornes conséquemment à celle de-la
presse : mais que le gouvernement sache en diriger
adroitement l'influence; qu'enfin il donne à toute la
machine politique une impulsion forte, uniforme
et constante, et il peut être sûr que sans avoir besoin

de moyens violens, toutes les parties résistantes seront entraînées par la force de ce mouvement, comme on voit les satellites d'une planète se traîner à sa suite et obéir à son action dans un ordre régulier et durable. La république n'a que deux ennemis à combattre, et on va voir que dans l'état de faiblesse et d'épuisement où ils se trouvent, il suffit de les surveiller pour n'avoir point à les craindre.

CHAPITRE XIII.

Des Démocrates et des Royalistes.

La république se trouve placée entre deux extrêmes, les démocrates et les royalistes. Les uns veulent franchir son rayon, les autres n'y veulent pas entrer. Ceux-ci n'aiment point la liberté, ceux-là l'aiment trop. Voilà l'histoire de toutes les conspirations qui ont attaqué la république depuis l'établissement du régime constitutionnel. Puisque ces deux espèces d'hommes ont tant d'influence sur nos destinées, parlons-en tout à notre aise.

La révolution en France n'avait point été le frui d'une sédition particulière ; depuis long tems les lumières avaient aggrandi les idées. Des écrivains célèbres avaient révélé aux peuples une partie de leurs droits, et appris aux rois qu'ils ne sont que les dépositaires d'un grand pouvoir ; ces vérités qu'on n'avait fait que soupçonner jusqu'alors, avaient germé dans tous les esprits et jeté dans l'Europe des idées de liberté. Déja l'Angleterre s'était donnée une constitution où le pouvoir de son monarque se trouvait très-limité. Dès que ce code politique, le premier de cette espèce, parut en Europe, il fut vanté par-tout comme une des plus belles conceptions de la liberté, et cité comme un modèle sur lequel devait se régénérer les autres monarchies. Mais nulle part il n'eut plus d'admirateurs qu'en France, soit qu'il y eût été vanté par l'écrivain du siècle le plus propre à faire valoir les choses ordinaires, soit que ce fût en effet ce qu'il y avait à cette époque de plus libre parmi les constitutions de l'Europe. Quoiqu'il en soit, le desordre des finances, et en général le mauvais état de la monarchie en France, faisait désirer une réforme aux provinces et à la capitale; la cour elle-même s'y prêta. Tel était alors l'engouement général pour la constitution anglaise, que ceux qui dirigeaient secrètement le mouvement révolutionnaire de la France, pensèrent à réformer la monarchie sur le plan de celle d'Angleterre; mais l'impulsion était déja donnée: sous l'influence de la liberté, les idées s'aggrandissaient avec les prétentions; cette même constitution qu'on eut trouvée fort bonne à l'époque des parlemens, n'offrait plus que l'image défigurée de la liberté, et véritablement nous pouvions prétendre à autre chose: on proscrivit l'idole et ses adorateurs, et la république naquit.

La France se trouva dès-lors divisée en deux partis, les royalistes et les républicains. Comme parmi ces derniers on n'avait point fixé le but où l'on avait dessein d'arriver, chacun dans le trajet révolutionnaire alla suivant que ses intérêts, son goût ou ses opinions le lui commandaient. Les uns firent halte à moitié chemin, les autres, en plus petit nombre, continuèrent leur route. La constitution de 1793 est l'ouvrage de ces derniers.

Lorsqu'on put s'entendre, la majorité qui s'était arrêtée, se plaignit qu'on avait été trop loin, et proclama la constitution de 1795 ; c'était un moyen terme entre le lieu de départ et celui d'arrivée. Dès ce moment le parti républicain se trouva divisé en deux sectes, les démocrates et les constitutionnels de 1795. Toutes les deux aiment la liberté, mais d'une manière très-différente. En effet tout ce qui n'est pas démocratie pure, est tyrannie pour les démocrates.

Ils pensent que la raison humaine n'a point de bornes, et que ce qui l'a toujours retenue au berceau, ce sont les conceptions étroites des législateurs.

Spéculateurs hardis, c'est sur la perfection de l'espèce humaine qu'ils veulent asseoir son bonheur.

En matière de liberté sur-tout, ils ne connaissent point de théorie imaginaire ; il n'y a, selon eux, de prospérité sans bornes, qu'avec une liberté sans limites ; ils ont tout prévu, tout calculé, et les quantités morales elles-mêmes, ils les ont soumises à la précision des quantités géométriques.

La nature veut que toutes les générations qui se succèdent sur ce globe, soient heureuses et libres ;

tout peuple qui , dans son institution morale et politique, ne stipule point pour les races futures, leur
fait un vol, et trompe le vœu de la nature.

Le premier bien qu'elle ait donné à l'homme ,
c'est la liberté ; il ne s'est pas mis en société pour
la perdre, mais pour en jouir plus sûrement. Ainsi
tous les rapports de l'état politique doivent se combiner pour elle , elle ne doit point s'arranger
pour eux.

Les arts , le commerce , les manufactures sont
de fort bonnes choses , mais ils ne doivent point
commander à la liberté, c'est à eux de lui obéir.

La propriété est un abus, c'est le droit du fort sur
le faible ; la terre n'appartient à personne , l'état
se charge de la faire cultiver, et en distribue les
fruits à tous les membres de la société qui y ont un
droit égal.

Tel est en substance le fond de la doctrine exa-
gérée de ces républicains, qu'on nomme démocrates, et qu'on a vus tour-à-tour oppresseurs sous
l'anarchie, et opprimés sous la liberté ; proscrits
comme ennemis de l'état , et rappelés comme ses
sauveurs ; toujours trop persécutés ou trop favorisés; dangereux en masse , mais dont l'état peut
tirer les plus grands secours , s'il sait les mettre à
leur place.

Cette secte a eu beaucoup de partisans en France ,
et elle en a en Europe jusqu'aux pieds des trônes.

Cela n'est pas étonnant ; d'abord le fond de sa doctrine a quelque chose d'attrayant , c'est une espèce de nivellement de fortunes dont l'idée plaît toujours à la masse qui n'a rien ; ensuite sa morale est fondée sur l'amour des hommes. Elle tend à faire d'une immense société une seule et même famille , où les biens , l'industrie, le travail, la peine et le plaisir seraient en communauté ; idée plus belle que juste , plus séduisante en spéculation qu'exécutable en pratique, mais faite pour éblouir la masse des hommes naturellement enthousiastes en fait de morale, de tout ce qui porte un caractère extraordinaire. Aussi y a-t-il parmi ces sectaires beaucoup de gens de bonne foi ; ils aiment la liberté avec passion, à-peu-près comme on aime sa maîtresse à dix-huit ans. L'exagération de leurs principes n'est point un mal dans un état qui sort du despotisme ; ils font contre-poids avec la masse toujours prête à se précipiter vers la tyrannie ; mais ce qui serait très-dangereux, c'est que leurs maximes dominassent , parce qu'appelant indistinctement tout le monde au gouvernement de l'état, il ne pourrait résulter chez nous d'une pareille liberté que l'oppression de tous. Comme cette secte se compose en grande partie des artisans que la licence a attirés des atteliers dans les places publiques , on voit diminuer journellement le nombre de ses partisans depuis que nous sommes soumis à une forme de gouvernement régulier. Cha-

cun dans l'état reprend peu-à-peu sa première place.
La France ressemble à un fleuve après une longue
et violente tempête ; tous les corps qu'une force
étrangère avait déplacés et fait monter du fond à
sa surface, y retombent par leur propre poids,
dès que la cause qui les avait fait graviter, a
cessé d'exister. Aussi ne faut-il employer contre
les partisans de la démocratie, ni violence, ni
persécution, le tems seul les guérira de leur
exagération.

Quant au parti de la royauté, il se compose
de tous ceux à qui la révolution a enlevé un
rang, de la fortune, ou des distinctions nobi-
liaires. Comme ils n'ont plus rien à perdre, ils
ne peuvent que gagner à un changement, et ils
sont toujours prêts à y prêter les mains. La racine de ce parti est en France ; mais elle est
nourrie à l'étranger par les émigrés et par les
puissances qui les secondent ; c'est un corps dont
les bras sont dans l'état, et la tête au-delà des frontières.
Il faut empêcher qu'ils ne puissent se communiquer. Le prétendant au trône de France, n'ayant
pu réussir par la voie des armes à reconquérir
la couronne, avait cru devoir, à une époque, recourir à la douceur. Il offrait aux Français, par
l'intermédiaire de ses agens, le pardon de leurs
erreurs ; il oubliait sans doute que pour l'offrir,

il faut n'être pas vaincu, et que pour l'accepter, il faut se croire coupable.

Le triomphe de nos armes a presqu'entière-ment aneanti ce parti ; mais après nos victoires, ce qui a le plus contribué à sa ruine dans l'intérieur et à l'etranger, c'est le peu de considération qu'inspire son chef ; c'est un prince fort ordinaire, qui n'aurait aucun droit de prétendre au trône, s'il n'avait celui de la naissance, sans vices comme sans vertus , plutôt homme de cabinet qu'homme de guerre, circonstance qui n'a pas peu servi à attirer sur lui le mépris de ses propres armées. Le caractère du militaire est de faire bien plus de cas du courage que de la prudence, et de mépriser les qualités politiques, quand elles ne sont pas jointes aux vertus guerrières. Ses partisans en France , n'ont pas même pour lui plus d'estime ; ils se lassent de servir un prince timide , qui n'a que d'orgueilleuses prétentions sans l'audace nécessaire pour les justifier, et qui n'oppose que la ruse ou la faiblesse à un peuple qui a le génie des grandes choses. Ce n'est point que ces mêmes partisans en soient plus zélés pour la république ; ils méprisent le prince sans aimer pour cela la liberté ; c'est le maître qu'ils détestent et non la servitude. Quoiqu'il en soit, ce parti lui-même vaincu au-dehors

par nos armées, épuisé au-dedans par tant d'inutiles conjurations, privé de l'appui des étrangers,
et abandonné à ses propres forces, n'est plus aujourd'hui dangereux que par les liaisons qu'il peut
entretenir avec les émigrés, et je vais indiquer le
moyen de les rompre pour jamais.

CHAPITRE XIV.

Des Émigrés.

LA constitution ayant irrévocablement banni les émigrés de France, il semblerait qu'ils dussent renoncer à l'idée d'y rentrer. Cependant comme cela n'est pas, et qu'ils espèrent, avec une foule de personnes de l'intérieur, que la paix pourra permettre au gouvernement français d'être clément et généreux sans danger, je crois devoir hasarder quelques réflexions à cet égard. Dans tout ce qui a précédé, je pense n'avoir jamais été guidé par l'esprit de parti, dans ce que je vais dire, j'en serai également exempt. On ne verra ni l'intention d'insulter à des vaincus, ni celle de favoriser des rebelles, mais le desir de fixer enfin les idées incertaines de la nation et du gouvernement sur un objet qui influe si directement sur la tranquillité publique.

Les émigrés n'ont pu réussir par les armes à rentrer dans leur patrie, ils ont aujourd'hui recours aux lois elles-mêmes, c'est-à-dire qu'ils invoquent ce qu'ils n'ont pu détruire. A une certaine époque, ce moyen leur avait bien réussi ; la porte des exceptions s'élargit comme on veut, et on était en effet parvenu à les multiplier au point que la loi qui les bannit, en était elle-même devenue une. C'était des cultivateurs, des artisans fugitifs que l'on avait entendu rappeler, et c'était vraiment des avocats, des prêtres, des nobles qui rentraient. Ce funeste système d'indulgence était l'ouvrage des sénats ; tous ceux qui, dans ce corps, tenaient à des familles émigrées, ou par le sang, ou par l'amitié, ou par des liaisons d'intérêt, songeaient à sauver une créance, un parent, un ami ; on mettait en avant les lieux communs d'humanité, de justice et de patrie ; mais dans le fait ces motifs n'étaient que des prétextes qui servaient de voile à des intérêts particuliers. Il était impossible qu'un pareil système n'amenât que de grands désordres dans l'état politique ; comment en effet favoriser les émigrés, sans nuire aux patriotes, élever le vaincu sans abaisser le vainqueur, et rappeler les oppresseurs sans exposer les opprimés ? La France offrait alors un spectacle bien singulier ; ses armées étaient encore occupées à combattre les ennemis que lui avaient faits les émigrés, et elle les rappelait dans son sein ; ils y trouvaient un asyle, une protection plus assurée que les patriotes ; c'était pour eux qu'étaient toutes les commodités de la vie, tous les avantages de la révolution ; il semblait que la république n'eût combattu que pour leurs droits, et vaincu que pour leur compte. Les ennemis de la patrie, ce n'était plus ceux qui l'avaient attaquée, c'était ceux qui l'avaient défendue ; la crainte, la rigueur des lois, les fers étaient pour le vainqueur, la sûreté, la protection, les lauriers pour les vaincus ; enfin on eut dit que la France avait subi le joug de ses anciens maîtres.

Celui qui veut le rappel des émigrés, veut la mort de la patrie. Qu'attendre en effet d'hommes exaspérés par huit années de misère et de désespoir ? Pense-t-on qu'ils rentrassent en France avec des sentimens de modération, et quand ils le promettraient de bonne foi, faudrait-il les en croire ? Le cœur humain est-il ainsi fait, qu'on oublie en un jour des maux qu'on sentira toute sa vie ; la raison a-t-elle jamais eu cet empire sur les passions humaines ? Dépouillés de leurs héritages, sans ressource pour le présent, sans espérance pour l'avenir, de quel œil croit-on qu'ils vissent de nouveaux propriétaires habiter leurs châteaux et peupler leurs parcs ! n'est-ce point armer le désespoir, allumer les vengeances, et mettre les bourreaux à côté de leurs victimes. La loi est là, dira-t-on ; et la loi peut-elle atteindre tous les crimes ? lit-elle au fond des cœurs ? que de vengeances méditées dans le silence et exécutées dans les ténèbres ; il n'y a qu'une manière de connaître un coupable, il en a mille pour lui de n'être pas reconnu.

Les émigrés ont commis un grand crime ; que le châtiment terrible qu'ils subissent serve à jamais d'exemple à tous ceux qui seraient tentés de les imiter, et leur apprenne que la patrie nous eut-elle fait une injure, il est plus grand de l'oublier que de la vouloir venger. Je sais que si le sort des armes leur eût été favorable, et qu'ils fussent rentrés en vainqueurs dans leur patrie, on n'eut pas manqué d'exhalter leur conduite : c'est nous qui aurions été des rebelles, on les aurait nommés les libérateurs dé la France; leur longue expatriation, leurs travaux, leur misère, tout en eut fait des héros ; mais de quelque façon que le siècle présent eût nommé leur action, la postérité qui n'a sujet ni d'aimer ni de haïr, n'aurait vu en eux que des rebelles heureux. Ce n'est point leur défaite qui les a rendus criminels : victorieux ils auraient un crime de plus à se reprocher (1).

---

(1) Cependant s'il est nécessaire d'être sévère envers les véritables émigrés, il faut être juste envers ceux que la terreur a fait fuir, ou qui sont réputés émigrés quoiqu'ils ne soient jamais sortis de France. C'est le vœu de la constitution ; la difficulté est de distinguer l'innocent du coupable. Comment le gouvernement saura-t-il que telle personne qui se pourvoit en radiation est ou n'est pas dans les exceptions de la loi ? Elle veut bien qu'on s'en rapporte à la déclaration des administrations municipales et départementales ; mais à une certaine époque, quel est celui d'entre les émigrés qui n'a pu se procurer des titres favorables, et acheter le droit de se faire mettre dans les exceptions ? Cette marche est mauvaise ; elle arrête d'ailleurs le cours de la justice, car le gouvernement convaincu qu'il ne peut se fier à des déclarations presque toujours infidelles, prend le parti d'ajourner toutes les radiations, ce qui prolonge la misère d'une foule de familles qui n'ont pas mérité d'y être. Je soumets à la sagesse du gouvernement un autre moyen.

Les émigrés quoique vaincus , sont encore un obstacle à la tranquillité de la France ; qu'ils conspirent ou ne conspirent pas, ils inquiètent un gouvernement naturellement ombrageux , et nécessitent sur tous les points du territoire une serveillance incommode. Cela vient de la situation singulière où ils se trouvent ; ils ont eu part à la guerre , ils ne profitent pas de la paix ; ce sont des ennemis contre lesquels on est toujours armé ; l'état de guerre continue pour eux quoiqu'il ait cessé pour leurs auxi-

---

La loi rappelle exclu ivement des cultivateurs et des artisans. Pour que le gouvernement fût bien sûr que celui qui se pourvoit en radiation est véritablement l'un ou l'autre , sa demande serait envoyée à sa commune. Elle y serait affichée pendant vingt jours à la porte des temples. Les deux jours de décadi le commissaire du directoire exécutif donnerait au peuple convoqué lecture de cette pétition , et s'il n'y avait point de réclamation, la déclaration serait regardée comme vraie. Cependant comme il se pourrait qu'un homme fût assez riche pour acheter les suffrages d'une commune où il aurait de grands biens, le commissaire du directoire exécutif serait entendu contradictoirement, et si son avis n'était pas conforme à celui du peuple , il en serait dressé procès-verbal qui serait envoyé au ministre de la police générale, lequel chargerait l'administration départementale de décider en dernier ressort, s'il y a lieu ou non à radiation : il en serait de même pour les personnes qui réclament contre d'injustes inscriptions ; par ce moyen le gouvernement aurait le vœu du peuple, celui de l'administration départementale et celui de ses commissaires ; il serait presqu'impossible qu'il fût jamais trompé.

liaires. Mais ne vaudrait-il pas mieux les éloigner pour jamais que d'avoir toujours à les craindre. En quoi le gouvernement blesserait-il les intérêts de la patrie s'il leur ménageait une retraite dans le Canada ou dans toute autre contrée de l'Amérique ou de l'Afrique ? Je m'étonne que cette idée ne lui soit point encore venue. Ce n'est point des rebelles qu'il est question de favoriser, c'est un ennemi dont il faut qu'on se défasse. Où peuvent-ils se retirer ? aucun monarque ne veut leur donner d'asyle dans ses états pour ne pas déplaire à la France ; les villes libres leur refusent aussi leur porte : ils sont rejetés partout ; que peuvent-ils faire de mieux que de se rapprocher de leur patrie ? Aussi rôdent-ils sans cesse autour d'elle ; ils y entretiennent des intelligences, et deviennent la cause ou le prétexte des mouvemens séditieux qui troublent les départemens. Ce n'est point là le seul inconvénient : le plus grand, c'est qu'ils rentrent réellement en France, où i' n'est pas difficile de se tenir caché ; là ils conspirent et désorganisent tout à leur aise ; ils dirigent les mouvemens dont ils sont les auteurs, ou se tiennent prêts à profiter de ceux auxquels ils n'ont point de part ; un tel état de choses fatigue la législation, perpétue l'état de guerre entre le vaincu et le vainqueur, et devient pour la France un germe éternel de discorde. Certes, il serait d'une bien meilleure politique de prévenir le désordre que d'avoir toujours à le punir.

et d'extirper tout d'un coup le mal que de l'attaquer sans cesse en détail ; ce n'est pas d'ailleurs une bien grande faveur pour des vaincus que d'être jetés dans quelqu'île déserte ou sur les côtes d'un continent inhabité, avec quelques instrumens pour défricher la terre, mais ce sera un des beaux traits de l'histoire de la révolution , et l'on verra qu'un peuple assez généreux pour accorder une retraite à ses plus cruels ennemis, méritait en effet de les vaincre. Depuis les îles du Cap-Vert, pour ainsi dire, jusqu'au Cap de Bonne-Espérance, toutes les côtes de l'Afrique sont inhabitées et propres à toutes espèces d'établissemens. La France ne sera pas en état de long-tems de former des colonies ; ce serait une belle occasion de porter la civilisation dans ces vastes et riches contrées ; mais n'anticipons pas sur le chapitre suivant, où je traiterai du système de conquêtes qu'il convient de suivre à la France libre.

CHAPITRE XV.

CHAPITRE XV.

Des Conquêtes, du mal qu'elles ont fait jusqu'à présent, et de l'esprit dans lequel la France doit conquérir.

PARMI les causes qui concourent à développer le génie des peuples, on a tant accordé au climat, qu'on n'a rien laissé aux circonstances; cependant ce sont elles seules qui élèvent subitement une nation ignorée à des destinées où elle paraissait ne devoir jamais atteindre. C'est ainsi que de nos jours on a vu en Russie un ramas de misérables esclaves se former rapidement en corps de nation, sous les institutions d'un prince législateur, et prendre un rang distingué parmi les peuples du Nord. La nature a jeté par-tout des germes de grandeur et de force; mais d'où vient ne se développent-ils pas chez toutes les nations à-la-fois, et pourquoi sont-elles toujours à une si grande distance les unes des autres pour les arts et la législation; ne serait-ce pas que chaque peuple est appelé à briller à son tour sur la terre. On dirait que les lumières sont, comme les saisons, sujettes à des révolutions périodiques; l'Asie et l'Afrique ont été jadis leur berceau. Lorsqu'elles reparaîtront en Orient, peut-être l'Europe, qui brille

P

aujourd'hui, sera-t-elle replongée dans la barbarie. Est-ce une loi de la nature que dans le monde moral comme dans le monde physique, il n'y ait jamais qu'une moitié du globe éclairée à-la-fois?

N'accusons point la nature ; ces désordres viennent de nous ; c'est le fanatisme des conquêtes, c'est l'avidité du commerce qui par-tout ont désolé la terre, et mis des déserts là où étaient des villes florissantes. Ce serait une histoire bien instructive pour l'humanité, que celle des conquêtes sur ce globe jusqu'à nos jours, si l'on avait soin de marquer le peu d'avantages qu'elles ont valus aux vainqueurs, et les maux sans nombre qu'elles ont faits aux vaincus. Il me prend envie d'esquisser rapidement ce tableau. On verra que presque tous les pays sur la terre ont brillé par les arts, le commerce et la civilisation, et ont été replongés de suite dans la barbarie. En cherchant les causes d'une prospérité si courte, nous serons naturellement conduits au système de conquêtes que la France doit suivre pour donner à la sienne des fondemens plus durables, et n'avoir rien à redouter à l'avenir des peuples méridionaux ou septentrionaux, que le fanatisme des conquêtes ou l'espoir du pillage pourrait vouloir amener en Europe.

L'Inde a commencé ; son histoire remonte à la plus haute antiquité : les premiers Grecs allaient y chercher des connaissances, et le commerce étranger des

toiles. Mais ce beau pays, ouvert à tous ceux qui
en ont voulu faire la conquête, n'a cessé d'êtr le
théâtre de guerres étrangères ou de divisions domestiques; c'est sans doute pour cela que les arts n'y ont
jamais été perfectionnés, quoiqu'on les y ait cultivés
de tems immémorial. Plus loin, en remontant vers
le N. N. O. on trouve les Persans. Quel peuple fit des
choses plus étonnantes sous Cyrus? ils auraient conquis l'univers avec ce prince. Sous ses successeurs,
ce ne furent plus que de misérables esclaves, à qui
il ne restait que l'insolence d'un grand nom. Que sont
devenus, dans cette belle partie du monde, ces
Mèdes, dont l'empire était si vaste; ces Parthes, si
fameux par la guerre, et long-tems rivaux heureux
des Romains; ces opulens Assyriens peuple à-la-fois
guerrier et commerçant, dont les vaisseaux cou-
vraient la Mer Rouge, et échangeaient les productions de l'Arabie et de l'Egypte, contre celles des
Indes? Ils avaient pillé des nations riches, et ils
furent pillés à leur tour par des peuples plus avides
encore.

A l'ouest de la Perse, on voit les Phéniciens, le
peuple le plus frugal et le plus industrieux du monde;
il est le premier qui se livra au commerce maritime. Il
peupla de colonies les côtes d'Asie et d'Afrique; mais
il ne déshonora point son commerce par un esprit
de conquêtes et de brigandage. Il ne dut ses richesses
qu'à son industrie, et fut utile à toutes les nations

sans faire le malheur d'aucune. De son commerce heureux naquit l'opulente Tyr, Tyr que la nature avait destinée à servir d'entrepôt aux marchandises, de l'Europe, de l'Asie et de l'Afrique, et à être la médiatrice de leurs éc anges ; successivement pillée par tous les conquérans de l'Asie et de la Grèce, Tyr disparut enfin de la terre avec son commerce, son industrie et son peuple.

A l'est de Tyr, étaient la Syrie et la Judée ; fameuses l'une par ses forces maritimes, par une foule de villes florissantes, et le commerce qu'elle faisait par l'Oxus et la Mer Caspienne ; l'autre par celui qu'elle entretenait sur la Mer-Rouge.

L'Egypte est au sud-ouest de la Syrie. Elle fut long-tems la reine des nations; elle en est aujourd'hui le rebut : berceau des sciences et de la philosophie, elle partage avec l'Inde la gloire d'avoir été la législatrice de l'univers ; c'est-là que furent et la superbe Memphis et Thèbes aux cent portes ; à peine trouve-t-on aujourd'hui la place où elles existèrent, on n'y voit plus que quelques colonnes brisées, des morceaux de chapiteaux, quelques pierres hyéroglifiques ; par-ci par-là des marbres sculptés, déplorables restes de la fureur et de l'avarice des conquérans.

La puissance des Egyptiens abattue, la législation, le commerce, les arts et les sciences se réfugièrent en Grèce ; son génie et les circonstances la portèrent vers la guerre. Encore barbare elle s'était rendue fameuse par le renversement du royaume de Troye et par l'expédition des Argonautes; mais il fallait vaincre à Salamine, pour commander au reste de la terre. On ne peut trop admirer le génie qui mit et garda si long-tems le sceptre de l'univers entre les mains d'un petit peuple que la nature semblait avoir destiné à une éternelle et obscure dépendance. Ce ne sont point là les jeux de la fortune, ce sont les miracles de la liberté; mais Alexandre naquit. On devina dans le génie qui assujettit la Grèce, celui qui devait renverser le plus puissant empire de l'Asie, et porter ses conquêtes jusqu'aux bords encore inconnus de l'Indus et du Gange. On fait à ce héros l'honneur de croire qu'il n'a entrepris ses conquêtes qu'avec un plan qui assurait d'avance le bonheur des vaincus. Pour moi, je pense qu'en quittant ses états, il n'avait que la gloire pour objet; mais quand la victoire l'eut rendu maître des plus belles provinces de l'Asie mineure, il fallut bien songer à un système de conservation; il conquit en fou et conserva en sage. Aurait-il songé à vaincre, si le bonheur des hommes eût été l'objet de ses conquêtes? qu'est-ce qu'une monarchie universelle? Quand il se serait cru capable de gouverner le monde entier sous les plus heureuses lois, pouvait-il espérer que son génie lui survivrait, et ne devait-il pas prévoir qu'après sa mort les vastes

provinces soumises à sa domination, seraient dévas-
tées par l'avarice de ses féroces successeurs. En effet,
ce prince mort, les arts, le commerce, la civilisation
passèrent en Europe et disparurent de l'Asie et de
l'Afrique, pour n'y reparaître peut-être jamais.
L'Europe était encore sauvage ; cependant Rome
grandissait à vue d'œil ; ce petit état menaçait déja la
liberté du monde. Vainqueur de tous les peuples
situés entre les Alpes, l'Helvétie et la Mer Adria-
tique, il tourna son génie conquérant vers la mer.
Le commerce et la liberté, bannis, proscrits du monde
entier, habitaient encore un petit coin de l'Afrique,
la jalouse Rome vit Carthage, et Carthage fut détruite ;
de-là elle porta ses armes dans la Grèce, qu'elle
acheva de détruire. Comme son ambition était sans
bornes, elle crut que ses conquêtes n'en devaient point
avoir ; elle pénétra jusqu'au centre de l'Afrique,
soumit et ruina les nombreuses et opulentes nations
qui séparent la Mer Caspienne et le Pont-Euxin,
tandis que ses vaisseaux marchands allaient se charger des toiles de l'Inde et de l'encens d'Arabie. Si
cette nation conquérante, la plus ambitieuse du
monde, avait eu pour objet le bonheur de l'espèce
humaine, elle pouvait réparer tous les maux qu'a-
vaient faits les conquêtes d'Alexandre ; mais elle ne
conquit elle-même que pour détruire. Grande et sublime dans ses conceptions quand elles avaient pour
objet la destruction, elle se montra stupide toutes

les fois qu'il fallut rétablir et recréer ; elle n'encouragea ni les sciences ni les arts ; au lieu de se livrer au commerce qui rapproche les hommes, elle ne cultiva que la guerre qui les sépare ; elle n'unit les peuples qu'en les attachant au même joug ; enfin elle fut tout-à-la-fois la gloire et le fléau du genre humain, et si le vulgaire croit devoir l'admirer comme nation conquérante, le vrai philosophe doit la haïr comme puissance destructrice.

En effet, quand elle eut été elle-même subjuguée par les peuples du Nord, le monde entier se vit replongé dans la barbarie. Les sciences reparurent enfin en Europe, et ce fut de l'Italie que sortirent les premiers rayons de lumière. La Grèce gémissait sous la tyrannie des Turcs ; le petit nombre de savans qui y cultivaient les lettres, abandonnèrent leur patrie, et vinrent s'établir sous le ciel de l'Italie ; les Médicis cultivèrent ces germes précieux, et le pays des anciens Romains, qui avait si long-tems fait gémir l'univers sous son sceptre militaire, sembla vouloir se faire pardonner ses fureurs, en se livrant au commerce et aux arts de la paix. Cependant quelque tems auparavant, le funeste génie des conquêtes s'était réveillé dans l'Orient. L'Arabie n'avait point brillé à son tour ; la nature, qui semblait l'avoir perdue de vue, voulut réparer cet oubli. Sous la bannière de Mahomet, les Arabes, comme un torrent débordé, se répandirent dans l'Asie, l'Afrique et l'Europe, et pillèrent toutes les nations riches qu'ils trouvèrent sur leur passage, mais enfin ils s'arrêtèrent en Espagne. Cependant le mal avait fait des progrès. Les Turcs pleins de ce courage féroce que donne le fanatisme quand il s'allie à l'ignorance, avaient conquis l'Egypte, et presque toute l'Asie mineure, et l'Europe était menacée des plus grands désastres; mais heureusement, pour la conquérir, il fallait ou se servir de flottes, ou savoir faire des sièges, et le Turc, qui a plus que les autres peuples, l'instinct de la destruction, n'en a jamais eu le génie.

L'exemple de l'Italie avait peu-à-peu changé les mœurs de l'Europe; on y voyait un mélange d'esprit militaire et d'idées de commerce, qui annonçait une prochaine révolution dans les esprits. Venise et Gênes fleurissaient sous l'influence du commerce des Indes qu'elles disputaient à Constantinople; mais bientôt l'Espagne devint la première nation de l'Europe; la tyrannie des Maures en fit tout-à-coup un peuple guerrier, et véritablement ce fut à son courage qu'elle dût sa liberté. Elle aurait pu être fatale à celle de l'Europe, si elle eût profité de ce premier enthousiasme, mais heureusement elle dédaigna de l'asservir. Les Portugais parurent bientôt sur la scène du monde. Ce peuple brave était aussi le plus navigateur de l'Europe; il découvrit le passage aux Indes par le Cap de Bonne-Espérance, et le Portugal devint, dès ce moment, l'entrepôt des richesses de l'Inde, et le rendez-vous de toutes les nations commerçantes. Mais les Portugais qui avaient soumis le midi de l'Asie par l'ascendant du courage et par une politique aussi sage qu'éclairée, devinrent bientôt de lâches et avares tyrans ; au lieu de s'enrichir par le commerce, ils se livrerent au plus affreux brigandage ; ils dévastèrent les Indes et finirent par les perdre. Presque toujours c'est l'esprit de conquête qui tue le commerce ; mais ici c'est l'avidité du commerce qui perdit la conquête. Les Hollandais que la liberté venait de placer au premier rang parmi les peuples de l'Europe, arrachèrent aux Portugais un commerce qui n'était plus entre leurs mains qu'un instrument de tyrannie ; ce ne fut point le droit des armes qui le leur donna. Ce n'est cependant point qu'ils cédassent en courage aux Portugais ; ils venaient de montrer en Europe, à Philippe II, ce que peut un peuple qui veut être libre ; mais il fallait alors devenir marchand, et le commerce ne se dispute pas comme la liberté. Jamais peuple n'eut plus que celui-là le génie commerçant ; il a prouvé au monde entier que le commerce est la source unique de la prospérité des états, et que ce que les conquêtes donnent au prix du sang des nations, il le procure en les enrichissant toutes.

L'esprit militaire banni des provinces méridionales de l'Europe, s'était réfugié dans le Nord ; les Suédois, conduits par un roi guerrier, étaient devenus un peuple militaire vraiment redoutable ; mais le génie de Charles XII ne put rien contre celui de Pierre le Grand , et un nouvel empire sortit du fond des marais du Nord. La Suède elle-même abjura enfin toute idée de conquêtes , et se livra au commerce. La Prusse, sous Fréderic, s'était formée sur un plan militaire ; en peu de tems ses conquêtes lui donnèrent en Europe l'autorité d'une puissance de premier ordre ; elle aurait dévoré la liberté de cette partie du monde, si elle eût été fidèle à son système ; mais le commerce , comme je l'ai déja observé, s'introduisit chez elle : le commerce amène les richesses , les richesses le desir d'en jouir ; et la Prusse qui aurait pu tout vaincre, sera la conquête du premier peuple qui voudra se donner la peine de l'asservir.

Le Dannemarck , comme puissance militaire , eut aussi ses jours d'éclat , mais il vit que la guerre n'amène que le désordre et la pauvreté , et il s'est livré depuis au commerce des Indes qu'il dispute encore avec succès aux nations européennes qui y ont des possessions.

Avant tout cela l'Helvétie , par son courage, s'était soustrait à la domination de l'Autriche , et avait mérité l'admiration de l'univers autant par la har_ diesse de son entreprise que par le succès qui l'avait couronnée. Enfin l'Angleterre , parvenue au dernier terme de sa puissance faisait gémir le monde entier

sous son sceptre maritime, et menaçait de lui donner des fers, lorsque la France poussée par ses destinées au rang de puissance dominante en Europe,
arrêta tout-à-coup le cours de ses ambitieuses entreprises.

On voit par ce tableau raccourci, mais fidèle des
révolutions qui ont changé la face du globe, que le
génie des arts, du commerce et de la guerre, est
tout à-fait éteint en Orient, qu'en Europe même
presque tous les peuples ont eu leurs jours de gloire,
et que ceux de la France sont à leur aurore. Par
toute la terre les nations n'ont guères profité de leur
moment d'éclat, que pour la ravager, piller le commerce et détruire les lumières. La France doit marcher sur d'autres traces. Il faut que la philosophie
s'honore de sa révolution, et que loin d'être un
signal d'oppression pour le reste du monde, elle
serve à briser ses fers; notre exemple a jeté par-tout
des germes de liberté; le despotisme semble ébranlé
dans les contrées même où il paraissait le plus solidement affermi (1), enfin tout annonce une grande

____

(1) En Chine, les mouvemens sont déja nombreux. Les Tartares et les Chinois, to jours divisés, le sont bien davantage aujourd'hui; tout semble y annoncer une révolution prochaine. L'Empereur, pour la prévenir, arrête toute espèce de correspondance
qui peut être relative à la révolution française (*Voyage de lord
Macartney, en Chine, en 1794.*)

révolution sur ce globe. C'est à la France à la diriger
d'abord dans les vues de sa conservation particulière, ensuite dans celle du bonheur de l'espèce humaine. Son génie dommant, l'éclat de ses victoires,
le respect qu'elle a imprimé à la terre, tout assure le
succès de ses vues, si le choix des moyens répond à
la grandeur de l'entreprise. Qu'on ne croie pas que je
veuille ici établir la France le vengeur des peuples as-
servis, et qu'après s'être épuisée à conquérir sa liberté,
j'exige qu'elle sacrifie le reste de ses forces à combattre pour celle des autres Mais ces mêmes peuples vont
faire aussi leur révolution. Si la France ne se rend
pas maîtresse de ce mouvement général, il pourra
la heurter violemment, peut-être même amener sa
ruine, comme un fleuve dont on n'a pas prévu le
débordement, ou auquel on a négligé d'opposer des
digues, inonde au loin les campagnes, enlève maisons, troupeaux et bergers, et déracine jusqu'aux
chênes des forêts. Nous avons conquis autour de nous
en Europe, et nous l'avons dû, parce que la conquête
est permise quand elle est nécessaire à la conservation
du conquérant. Nous nous sommes donné pour barrière de grands fleuves, nous avons arrondi notre
territoire sur le plan même de la nature, dont les dis-
positions sont plus anciennes que les traités de famille,
et plus conformes au bonheur de chaque peuple. Ce
n'est point une nation ambitieuse qui conquiert pour
donner des fers, c'est un peuple prudent qui s'aggran-
dit pour n'en point recevoir. Mais ce n'est point assez

que la France ait assuré sa liberté autour d'elle ; c'est par le midi que l'Europe doit être asservie. D'après toutes les probabilités, la Grèce ne sera pas un demi-siècle encore sous le joug des Turcs. Si le mouvement qui la rendra libre, n'est pas dirigé prudemment, ou si la liberté lui arrive comme une tempête, elle y fera renaître tous les crimes du Bas-Empire. Le grec moderne a tous les vices de ses ancêtres, et n'a aucune de leurs vertus. Il est fourbe, lâche, cruel et vindicatif ; il peut devenir conquérant, et il est à la porte de l'Europe. Le génie des conquêtes se déclare comme la foudre. Qu'étaient les Arabes avant Mahomet ? de misérables marchands, sans aucune vertu guerrière ; le prophète parut, et ce peuple conquit la moitié du monde. Ce n'est point le génie de la liberté qu'il faut dans ce moment communiquer à la Grèce ; le cours des choses l'y portera assez. Il faut la préparer à la recevoir, en jettant dans des esprits farouches et presque désespérés des idées de conservation qui régularisent les mouvemens de la liberté, et l'empêchent de nuire à la prospérité de l'Europe. Il n'y a que le commerce qui puisse produire ces effets, parce que seul, il conserve, rapproche les hommes, adoucit les mœurs, et amène la communication des lumières.

La Grèce une fois libre, la Turquie le deviendra bientôt, et lorsque ce vaste corps se démembrera, qui sait si dans sa chûte il ne foulera pas l'Europe. L'histoire du monde n'est que celle des flux et reflux qui poussent et repoussent continuellement les peuples d'un bout du globe à l'autre. De deux choses l'une, ou il faut que l'Europe tienne toujours la Turquie dans l'ignorance et l'esclavage; ce qui sera très-difficile, ou qu'elle y porte le génie des arts et du commerce, sa police et ses mœurs; car si on laisse aller les choses au gré des événemens, on peut être assuré qu'un pareil peuple libre, avant de savoir comment on doit l'être, se jettera dans l'Europe pour y piller les nations commerçantes, et ressuscitera ces terribles inondations de barbares qui ont tant de fois changé la face du monde.

Un des moyens de prévenir ce malheur, serait de chasser les Turcs de la partie de l'Europe dont ils sont en possession, et de les rejetter au-delà des Dardanelles, dans l'Asie mineure; la France ensuite s'emparerait de la Méditerranée, se créerait des étapes sur les côtes d'Asie et d'Afrique, et pousserait son commerce jusqu'en Egypte, où notre influence, un grand esprit de modération, et des vues de prospérité sagement dirigées, pourraient nous faire admettre à la participation du commerce des Indes. Disons un mot de ce commerce, et en général de tous les établissemens situés loin de la mère patrie.

C'est sous Colbert que se fit, pour le commerce, la première expédition française dans les Indes. Ce pays avait été pour le Portugal une source de ri-

chesses immenses, la Hollande y avait fait aussi
d'excellentes affaires, la France eut honte de ne point
prendre part à un si riche butin, et elle arma; elle
ayait sans doute oublié qu'il n'est pardonnable qu'à
des peuples qui vivent sur un sol ingrat et stérile,
d'aller chercher si loin une fortune périlleuse, et que
ceux que la nature a placés sur une terre fertile,
doivent la perfectionner avant de se livrer à des spéculations presque toujours ruinéuses. En effet, outre
le danger de la mer, il y a les naturels du pays contre
lesquels il faut toujours être en état de défense, après
cela ce sont les compagnies étrangères qui font concurremment avec vous le commerce; on se brouille
pour de misérables prétentions, on s'attaque, on se
ruine en détail. Si par un esprit de modération, dont
les compagnies ont rarement donné des preuves,
elles parviennent à s'entendre, les métropoles se dé-
clarent la guerre; la nouvelle en est portée aux établissemens éloignés, le plutôt instruit attaque l'autre;
celui qui est surpris sans défense, comme cela arrive
souvent quand les hostilités n'ont point été prévues,
est trop éloigné de la métropole pour en obtenir
promptement du secours, il est vaincu, et ses possessions enrichissent le vainqueur. Le commerce des
européens dans les Indes, sous le système des compagnies, n'a jamais été pour eux qu'une source de
calamités et de destruction, si j'en excepte les Portugais, qui l'ont fait les premiers, et les Hollandais et

les Anglais, qui se sont plus fixés dans les îles que sur le continent ; qu'on veuille bien voir ce qu'il a rapporté à la France, année par année ; et l'on rougira qu'on ait pu sacrifier tant d'hommes et de capitaux, à des spéculations aussi peu lucratives. Toujours les bénéfices des compagnies ont été absorbés par les dépenses excessives qu'entraînait le maintien des établissemens à demeure. Mais le plus grand mal que le commerce d'Asie faisait à la prospérité de la France, c'est qu'il portait nécessairement dans son système d'économie politique un désordre auquel tout le génie de Colbert ne pouvait remédier. En effet, quand une année nos affaires dans l'Inde avaient prospéré, soit parce qu'il n'y avait point eu de guerres, soit parce que nos armes y avaient été victorieuses, il s'établissait aussitôt en France une foule de manufactures chargées de fabriquer les objets demandés par la compagnie ; mais l'année suivante une guerre ruinait les établissemens asiatiques, et avec eux les manufactures de la métropole. Que devenaient alors les ouvriers de ces manufactures ? ils allaient mendier, ou mourir à l'hôpital. Cet inconvénient n'est pas particulier au commerce des Indes, il est en général attaché au commerce extérieur qui, par sa nature, n'est jamais assez sous la main de l'homme d'état, pour qu'il puisse le surveiller, et en maintenir les diverses branches dans une prospérité continuelle. Aussi tombe-t-on dans

une

une grande erreur lorsqu'on place celle d'un état marchand dans la grande extension de ce genre de commerce ; rien au contraire n'est plus propre à la ruiner, lorsque les chances deviennent défavorables, et l'Angleterre en est la preuve ; depuis qu'elle a perdu l'Amérique, le nombre de ses pauvres a augmenté d'un tiers, parce que ses manufactures ont diminué dans la même proportion, et elle ne peut perdre la plus petite branche de commerce au-dehors ou même la voir en souffrance par un événement quelconque, que sa prospérité n'en soit plus ou moins affectée. Aussi une nation riche de son propre fond, ne doit-elle jamais se livrer au commerce extérieur que quand il lui reste des capitaux, son commerce intérieur pourvu de tous ceux dont il peut avoir besoin, et encore l'homme d'état qui le conduit, doit-il être toujours préparé à restituer aux entrepreneurs manufacturiers, l'équivalent de ce qu'ils auront perdu, si la branche qu'ils entretenaient à l'étranger, venait à leur échapper ; autrement on verrait tomber dans la misère, capitalistes, entrepreneurs et ouvriers. Mais comme ce remplacement est quelquefois difficile, et qu'il l'est toujours plus en raison de l'extension qu'on donne à la branche, l'homme d'état qui sait bien son métier, évite de la forcer dans une trop grande proportion.

Le commerce aux Indes peut être très utile, très bon à la France, mais c'est autant qu'elle n'y aura point de compagnie exclusive, qu'il soit libre pour tous les particuliers qui voudront s'y livrer, point de privilège. S'il est abandonné, ce sera une preuve qu'il n'y aura rien à gagner ; s'il n'y a qu'à y perdre, pourquoi le gouvernement voudrait-il le soutenir ? Je reviens à l'Egypte.

J'ai dit que si nous poussions jusque dans cette partie de l'Afrique, nous pourrions parvenir à partager avec les Turcs le commerce des Indes. Ce commerce se fait aujourd'hui par des caravanes qui partent à une certaine époque, du Caire, pour se rendre en Arabie, où elles trouvent en retour des denrées qu'elles y ont portées, des mousselines des Indes, du café moka, de l'ivoire, de l'encens, des épiceries, etc. Ce commerce était considérable avant la découverte du passage aux Indes par le Cap de Bonne-Espérance. Toutes les marchandises que l'Europe tirait de l'Asie, passaient par le golfe Persique, étaient embarquées sur l'Euphrate, gagnaient Constantinople, d'où les Génois et les Vénitiens les faisaient arriver en Europe. Mais la nouvelle route une fois découverte, on abandonna tout-à-fait l'ancienne comme la plus dispendieuse, et Constantinople cessa d'être le marché général des productions de l'Inde. Vénise, que cette révolution ruinoit, souleva presque tout l'Orient contre les Portugais ; mais ni ses intrigues, ni celles du soudan d'Egypte, dont les revenus se trouvaient tout-à-coup taris, ne purent em-

pêcher le commerce général d'abandonner la route
ancienne, et l'Egypte, depuis ce tems sans communication avec l'Europe, a vu son commerce avec
l'Inde, réduit aux faibles importations des caravanes. Aussi, en allant dans ce pays, ne pouvons-
nous pas espérer d'y attirer le commerce de l'Asie
méridionale ; ce n'est point par-là que nous parvien-
drons à ruiner la puissance anglaise. En effet les marchandises des Indes ne peuvent arriver au Caire que
par deux chemins, le sein Persique et la Mer-Rouge ;
car je ne parle pas de l'Indus, ancienne route, impra-
ticable aujourd'hui, tant à cause des dangers de la
Mer Caspienne qu'il faudrait traverser , que de plusieurs fleuves dont les Tartares ont détourné le cours
et qui ne se déchargent plus dans cette mer. Le passage par le golfe Persique ne serait pas difficile, mais
les droits d'entrée et de sortie qu'il faudrait payer
aux différentes nations qui habitent les bords de
l'Euphrate, les précautions dispendieuses dont il
faudrait s'entourer pour résister aux Arabes Bedoins,
qui pillent les caravanes , renchériraient beaucoup les denrées asiatiques, dont nous ne pourrions
plus soutenir la concurrence avec les autres nations
de l'Europe, qui commerceraient par la mer des
Indes. Quant au passage par la Mer-Rouge, il y a
des obstacles bien plus grands, et j'ose dire insur-
montables pour notre génie même. Comment trans-
porter de-là les marchandises dans la Méditerranée ?

par terre ; mais les frais seront immenses : par mer ; mais il n'y a point de canal qui joigne la Mer-Rouge au Nil ou à la Méditerranée. Ptolomée en avait fait construire un , qui, du port de Bérénice , communiquait à un bras du Nil ; mais il le vit tomber en ruine, sans qu'il lui fut possible de le rétablir. Si ce prince , celui des successeurs d'Alexandre qui avait le plus le génie des grandes choses, fut obligé d'abandonner ce bel ouvrage, dans le tems où l'Egypte , le plus florissant de tous les empires, avait en abondance et des hommes et de l'argent, est-ce aujourd'hui , qu'elle est livrée à la barbarie , que nous pourrions espérer de vaincre les obstacles que la nature opposait au génie de Ptolomée ? Quant à l'isthme de Suez , on ne penserait pas sans doute à le percer pour communiquer à la Méditerranée : ces choses ne sont faciles que pour nos politiques de places, qui font traverser à nos armées des fleuves, des mers et des montagnes sans le plus léger obstacle , les promènent autour du monde, et détrônent avec elle le grand seigneur , le sophi de Perse et l'empereur de la Chine. Des projets tels que celui de couper cet isthme , ne pourrait avoir pour objet que la destruction du commerce anglais dans l'Inde ; mais je vais indiquer un moyen d'y parvenir, j'ose dire plus sûr et plus conforme, sous tous les rapports, aux intérêts de notre prospérité. Avant, jettons un coup-d'œil sur la nature de la puissance commerciale de l'Angleterre.

Si l'Agleterre s'était bornée à ne travailler et à ne circuler que les productions de son sol, elle n'eût jamais été qu'une puissance du dernier ordre; mais elle s'est livrée au commerce maritime, et il a été la source de toute sa grandeur. Ce commerce consiste de sa part à tirer de ses colonies d'Asie et d'Amérique, des marchandises, et à les revendre ensuite au prix qu'elle veut aux autres nations de l'Europe. Sa puissance est donc doublement artificielle, car ce qu'elle prend hors de chez elle, elle le revend sur des territoires étrangers. Un tel commerce suppose deux conditions indispensables ; la première c'est qu'elle aura assez de capitaux pour l'entreprendre ; la seconde, que les nations de l'Europe à qui elle sert de commissionnaire, voudront bien tenir d'elle les productions étrangères qu'elle se charge de leur apporter ; car si elle avait les capitaux sans les débouchés, ou les débouchés sans les capitaux, elle ne pourrait jamais se livrer à ce genre de commerce extérieur.

Si cela est vrai, comme il n'est pas possible d'en douter, c'est en Europe qu'il faut chercher les moyens de détruire cette gigantesque puissance. Si nous parvenions à lui fermer tous les ports qui lui servent de débouchés, il n'y a pas de doute qu'elle ne croulât d'elle-même, parce que, réduite à consommer sur son sol ses denrées coloniales, elle éprouverait bientôt un tel engorgement, qu'elle périrait sous ses propres richesses. Quant aux moyens d'exécution, nous avons certainement assez d'influence en Europe, pour déterminer la plupart des cabinets à s'unir à nous contre un peuple que sa domination exclusive sur les mers, doit faire regarder comme l'ennemi de toutes les nations qui voudraient se livrer au commerce maritime. L'Espagne, la Hollande, l'Autriche et toute l'Italie, entreraient sans difficulté dans cette coalition, et il ne serait peut-être pas impossible, avec de la modération, d'y faire accéder le Portugal; que deviendrait alors l'Angleterre, s'il ne lui restait plus à approvisionner que le Nord, concurramment avec le Dannemarck?

Il n'y a que deux manières de forcer cette île à la paix; c'est de porter la guerre chez elle, ou de la lui faire par négociation; car j'assure en homme que les obstacles ne rebûtent pas facilement, qu'une expédition qui aurait pour objet la ruine de son commerce dans l'Inde, quelque fût le talent de son chef, et malgré les grandes choses dont nous sommes capables, n'aurait jamais le succès qu'on en pourrait attendre, parce qu'il y a des obstacles que le génie le plus étendu et le courage le plus élevé, ne peuvent surmonter. Couper l'isthme de Suez serait certainement une entreprise de la plus grande difficulté; mais on n'aurait applani qu'un obstacle, il en resterait mille autres pour s'établir dans les Indes. Ignore-t-on l'influence pernicieuse du climat de l'Asie méridionale ; quelle longue guerre ne faudrait-il pas faire aux Anglais pour parvenir à ruiner leurs comptoirs ! D'ailleurs est-on sûr d'avoir pour soi les naturels du pays ? Un autre inconvénient des expéditions lointaines, c'est qu'éloigné de la métropole, on ne peut que difficilement réparer les pertes du climat et de la guerre ; où puiser des secours dans des cas de besoin ? Enfin sur quelle ressource compter dans un pays où le courage ne donne presque rien ? Des projets aussi vastes nécessiteraient en Égypte l'établissement d'une colonie française, et le gouvernement sait bien que ce n'est pas dans un moment où l'agriculture, les manufactures et les arts périssent faute de bras, qu'il serait sage d'enlever encore à la France une partie de ceux que la guerre n'a pas moissonnés. Il n'y a qu'un cas où il soit permis à une nation de former des colonies, c'est quand le territoire de la patrie, et les importations de grains, se trouvent insuffisans pour le maintien de la population ; mais la France peut non-seulement nourrir les hommes qu'elle a actuellement dans son sein, elle en nourrirait encore le double, sans même être gênée de ce surcroît de population, si l'agriculture chez elle était portée au degré de perfection qu'elle serait capable de recevoir. La colonie que nous porterions en Afrique, pourrait, avec le tems, faire la prospérité de ce pays, mais elle ruinerait infailliblement celle de la France , puisqu'elle lui enleverait des bras et des capitaux dont elle a besoin , sans lui rien procurer en equivalent.

La découverte du passage aux Indes par le Cap de Bonne-Espérance, a irrévocablement fixé les des-destinées de l'Afrique ; elle ne peut plus devenir la médiatrice des échanges de l'Europe et de l'Asie ; il n'y aurait guère aujourd'hui que des recher-ches scientifiques à y faire, encore seraient-elles moins heureuses qu'on ne pense ; Bruce et Volney qui l'ont parcourue en voyageurs éclairés et pas-sionnés pour les découvertes, sont à peine parvenus à fixer l'endroit où a jadis existé Memphis ; les mo-numens manquent sur les lieux. Si c'était la passion des sciences qui nous dominât, nous n'aurions pas besoin d'aller chercher si loin des antiquités ; la Grèce en regorge : l'île de Délos elle seule, ren-ferme plus de marbres qu'il n'en faudrait pour cons-truire une ville ordinaire ; mais le gouvernement sait bien qu'avant d'orner la façade de sa maison, il faut en rendre l'intérieur habitable. La guerre à éteindre en Europe, l'agriculture à encourager, les manufactures à relever , nos finances à rétablir, la mendicité à extirper ; voilà des objets dignes de sa sollicitude.

Mais si la raison commande de ne point envoyer de colonies en Afrique, la prudence veut que nous y portions nos arts et nos mœurs par le secours du commerce. Si nous parvenions à les y naturaliser, les révolutions pourraient s'y faire, sans que l'Europe eût rien à en craindre. Au midi l'Espagne pourra devenir une forte barrière qui la défendra contre les invasions de l'Afrique. La France ne doit jamais séparer sa cause de celle de l'Espagne ; son intérêt lui commande de ne point affaiblir cette puissance. Ce n'est point sa force qu'elle doit craindre, mais sa faiblesse ; elle est destinée à exister ou à périr avec elle. Deux puissances rivales dans ce petit coin de terre, ne peuvent convenir aux intérêts de l'Europe ; il faut que le Portugal soit réuni à l'Espagne, dont il n'est au reste qu'un démembrement. Cet arrangement est celui de la nature elle-même. Ces deux nations ont toujours été et seront toujours en guerre entr'elles. Si quelque peuple conquérant menaçait le continent du côté du Midi, l'une des deux, par jalousie ou tout autre motif, lui ouvrirait l'entrée en Europe : il faut prévenir ce malheur.

Si l'Espagne restait ce qu'elle est aujourd'hui, cet arrangement ne serait pas capable de rassurer l'Europe, c'est à la France, dont l'influence y domine et à qui sa position commande de prendre plus de sûretés, de communiquer son génie à l'Espagne, d'y ressusciter les arts et le commerce

qui amènent les lumières, et l'agriculture qui augmente la population. Comme elle n'aura vraiment
pour objet que l'aggrandissement, la force et la
prospérité de cet état, elle ne doit s'attendre à aucune résistance de sa part. Il n'y aurait à craindre
que celle de la religion, qui a toujours intérêt à
perpétuer l'ignorance et la misère des peuples;
mais sa puissance s'affaiblit tous les jours dans ce
pays, et le trône lui-même y a séparé ses intérêts de
ceux de Rome.

Quand la France se sera ainsi entourée de tous
côtés, de nations amies qui lui serviront comme
de première ligne, sa puissance sera mille fois
mieux affermie que celle de Rome, qui trouvait
des barbares en sortant de ses provinces. Pour le
moment ce dont nous devons nous occuper, c'est
d'organiser les pays déja conquis; il faut faire disparaître les distinctions du peuple conquérant et du
peuple vaincu; et pour cela le gouvernement doit
favoriser les mariages entr'eux, et fondre pour ainsi
dire les mœurs et les caractères par le mélange des
sangs et l'union des intérêts. Le meilleur moyen que
trouva Rome pour détruire la Macédoine conquise,
ce fut de défendre aux soldats romains de s'allier
à des familles du pays.

'Trop souvent on a déshonoré ses conquêtes, en
forçant le vaincu de prendre la religion et les mœurs
du vainqueur; cette politique n'a jamais fait que

des tyrans et des esclaves ; elle perpétue l'état de guerre entre la nation conquérante et la nation conquise ; laissez à cette dernière , ses dieux , ses usages, ses manières, et elle vous pardonnera de l'avoir vaincue. Alexandre , dans le cours de ses conquêtes , sacrifiait sur les autels de tous les peuples, il respecta jusqu'à leurs préjugés ; et quand on le voit gouverner la Perse , on ne sait si l'on ne doit pas plutôt admirer le roi conquérant que pleurer le monarque détrôné, et féliciter le peuple vaincu , que le plaindre de sa défaite.

Un autre objet très-essentiel, c'est l'administration de la justice. Je voudrais qu'on ne mit que des gens du pays dans les tribunaux. Voyez les querelles et les procès dans les provinces nouvellement conquises ; ce n'est jamais le vaincu qui a outragé le vainqueur , c'est toujours ce dernier qui a opprimé l'autre. Si les tribunaux sont composés d'hommes de la nation qui a subjugué, le moyen que les naturels du pays se fassent rendre justice ! C'est cet abus qui faisait que dans les provinces soumises a la domination romaine , un étranger ne pouvait jamais l'obtenir contre un Romain ; une aussi odieuse tyrannie finissait par porter ces peuples à la révolte , et on les exterminait ; cela entrait dans le plan de Rome. Ce que je dis-là des tribunaux de justice, je le dis des autres parties de l'administration civile qui doivent être confiées de préférence aux gens du pays ; il n'y a que le commandement des troupes qui ne doit, dans aucun cas, leur être donné ; mais à qui pouvez-vous mieux confier l'entretien des grandes routes, celui des manufactures, la police des grains, celle des villes, des campagnes, et le soin des édifices publics ? Qu'est-ce qui a plus d'intérêt qu'eux à la prospérité de leur pays ? Ce n'est cependant point assez pour les attacher à la France ; il faut leur porter nos arts, notre industrie, faire fleurir chez eux le commerce, établir des manufactures par tout où elles pourront se maintenir, percer des canaux, rendre les rivières navigables, et ouvrir de grandes routes de communication avec les villes commerçantes de la république. Ils aimeront nécessairement une patrie qui se donne tant de soins pour les enrichir ; car la nature nous enseigne à aimer les instrumens de notre bonheur.

Au reste la nation vaincue prendra bientôt l'allure du peuple conquérant, si les taxes n'établissent pas entr'elle et lui, des distinctions offensantes, s'il y a un partage égal de charges et d'avantages, et si on ne peut distinguer, dans la manière dont il sera gouverné, le pays vaincu de la patrie victorieuse.

La manie ordinaire des conquérans, c'est de charger les nouveaux peuples d'impôts, mauvaise politique qui ajoute à l'offense de la conquête, le crime de l'avarice. Ce devrait être une maxime générale de diminuer les taxes en entrant dans un pays de conquête, car c'est par leur modération que le peuple juge de la bonté de son gouvernement. Mais si sous celui de la conquête, sa prospérité diminue et que le nombre de ses pauvres augmente, le moyen qu'il ne préfère pas un esclavage qui lui donnait une heureuse aisance, à une liberté qui la lui ôte ! Je ne finirai point cet ouvrage sans dire quelque chose sur les pauvres et les moyens d'extirper par-tout la mendicité qui dévore l'Europe.

CHAPITRE XVI.

De la Mendicité et des Hôpitaux.

Un étranger qui a entendu vanter dans sa patrie l'opulence et le luxe de nos villes, la richesse et la fertilité de nos campagnes, nos arts, notre industrie, notre commerce, doit être bien étonné lorsqu'en visitant nos cités, il se sent à chaque instant arrêté par les supplications de l'indigence; dans les places publiques, à la porte des temples, dans les promenades, à l'entrée des spectacles, quelque part qu'il se trouve, la misère sous les haillons sollicite sa pitié. Le pauvre a l'air de lui dire: vous êtes étranger, mais vous serez moins barbare que mes compatriotes; si cet homme a le bonheur d'être né chez un peuple obscur, il doit se dire à lui-même: cette nation qu'on m'a tant vantée et dont la gloire remplit le monde entier, qu'a-t-elle donc qui puisse faire envie? Elle a conquis des villes, mais elle a ruiné les siennes; les dépouilles des vaincus n'ont pas même enrichi les vainqueurs; ce peuple qui partage et distribue à son gré le territoire de l'Europe, meurt de faim chez lui; ma nation n'a ni tant d'éclat, ni tant de renommée, mais on n'y voit point de malheureux ; elle ne donne point de lois à l'univers, mais elle en a chez elle qui assurent l'existence de tous les citoyens, et si on ne la craint pas, du moins on envie son bonheur.

La France n'a peut-être jamais eu dans son sein autant de mendians qu'aujourd'hui, et Paris particulièrement en regorge ; les uns étalent des plaies dégoûtantes, les autres des enfans à demi-nuds, expirant de besoin et de froid ; ceux-ci les infirmités d'une précoce vieillesse, ceux-là les restes d'une ancienne opulence. La misère, pour intéresser la pitié, a pris toutes les formes, usé toutes les situations, épuisé tous les langages.

Sous le despotisme où la vie est une faveur du maître, et dans les monarchies où l'inégalité des fortunes est de droit, la misère de quelques classes n'a rien qui étonne, mais dans un gouvernement libre, où il est si important de ne point avilir la dignité de l'homme, rien ne choque plus l'esprit d'égalité et n'est plus odieux, que la misère des uns à côté de l'opulence des autres. D'ailleurs toute société politique doit à chacun de ses membres, vêtement et subsistance, et elle est nécessairement mal ordonnée quand il y a des individus qui mendient faute de travail.

Il y a aujourd'hui en France, deux tiers de pauvres de plus qu'on n'en voyait avant la révolution ; on ne peut pas dire que cette augmentation soit le résultat d'un excès de population sur la somme de subsistance donnée par la terre, car la population a fortement diminué par une suite nécessaire de la guerre ; ce n'est pas non plus l'agriculture qui a jeté ces mendians dans la société, car l'agriculture, comme je crois l'avoir prouvé plus haut, a non-seulement moins souffert, mais même reçu plus d'encouragemens réels que toute autre branche de l'économie politique, et les fermiers n'ont certainement eu aucune raison de soustraire des terres à la culture, et d'employer moins de bras dans leurs travaux ; on ne peut pas dire non plus que la mendicité soit un effet de la paresse, ou un objet de spéculation comme à Rome, où tout le monde est pauvre, excepté ceux qui mendient ; car d'abord le Français est naturellement laborieux, et ensuite la mendicité n'enrichit pas chez nous. Il est également impossible de l'attribuer au licenciement des armées, puisqu'elles sont toutes encore en pleine activité ; il faut donc que cette augmentation de mendians vienne de la ruine de nos finances, de l'anéantissement de nos manufactures, et de la perte totale de notre commerce extérieur. Cette conséquence n'est pas seulement fondée sur des probabilités ; j'ai souvent interrogé de ces sortes de pauvres, et presque tous se sont trouvés être des rentiers ou des ouvriers anciennement attachés de près ou de loin à quelques manufactures ; car par

manufactures ,

manufactures , j'entends ici toute espèce d'ateliers où les matières premières de quelque règne qu'elles soient, reçoivent une forme quelconque de la main de l'artisan , avant d'entrer dans la consommation générale.

J'ai dit que depuis la révolution la masse des pauvres en France était augmentée de deux tiers, et le gouvernement peut aisément s'en convaincre par la comparaison de leur nombre actuel avec ce qu'il était autrefois. Les pauvres sont un moyen de vérifier , de la manière la plus exacte , dans les pays manufacturiers, si une nation, dans un tems donné, a perdu ou gagné en prospérité. Si leur nombre se trouvait plus fort une année que l'autre , on aurait la preuve acquise qu'il y a dans l'état une cause qui appauvrit au lieu d'enrichir. Ce résultat connu , il ne resterait plus qu'à chercher la cause du mal, et il serait impossible qu'une nation vît longtems sa prospérité arrêtée par le même vice , à moins que ses hommes d'état n'ignorassent tout à fait leur métier. Mais au lieu de se servir d'un moyen aussi simple que sûr , ceux qui sont à la tête des nations se laissent d'ordinaire éblouir par de fastueux tableaux de population , ou de balance favorable de commerce, tableaux que la flaterie ministérielle exagère à son gré , et où l'on voit toujours ce que l'état devrait être, et jamais ce qu'il est en effet. Le directoire veut-il savoir si la république prospère sous son système d'administration ? que chaque année il fasse vérifier par ses commissaires, dans toutes les communes, le nombre des pauvres, Chaque feuille apportera à ses pieds les gémissemens et les larmes des malheureux qui attendent de lui la fin de leurs misères, et il ne sera pas du moins trompé sur la chose du monde qu'il lui importe le plus de savoir. Dans un gouvernement libre comme le nôtre, un compte rendu public devrait informer tous les ans la nation de combien le nombre de ses pauvres a diminué ; ces tableaux de prospérité, vaudraient bien ces orgueilleuses déclarations qui apprennent au peuple qu'on a conquis telle province, soumis telle nation, et reculé de tant de lieues les frontières de l'état. Que les empires seraient florissans si ceux qui les gouvernent savaient placer leur grandeur dans des vertus pacifiques ! Mais diminuer le fardeau de la misère publique, faire descendre l'aisance dans toutes les classes, ne donne qu'une gloire lente et obscure ; on veut illustrer son administration par des choses d'éclat, par des actions d'audace, comme si la gloire de soumettre vingt peuples, valait le bonheur d'en rendre un seul heureux. Croit-on s'acquitter envers l'humanité, en entassant les pauvres dans les hôpitaux, et en multipliant ces aziles dans la proportion des malheureux ? C'est une bienfaisance très-mal exercée que celle-là ; elle entretient dans le peuple le goût de la paresse ;

d'ailleurs on finirait par épuiser la nation riche pour nourrir le peuple indigent. Mais rouvrez les manufactures, et il n'y aura point besoin d'hôpitaux. Combien ne coûte point à l'état l'entretien de ces vastes et ruineuses maisons ? et cependant ce que la société paie pour cet objet, ne se borne point aux fortes taxes qui y sont consacrées, il y a encore les charités particulières qui sont un impôt excessif, dans les campagnes sur-tout. Il a l'air d'y être volontaire, mais dans le fait, la charité y est d'obligation. Les mendians y forment une corporation qu'on ménage : ils seraient redoutables si les charités s'arrêtaient. Or il est certain que les facultés des individus à payer les impôts, sont toujours en raison de leur superflu ; si ce superflu est déja nul, et qu'il faille encore tirer de son nécessaire de quoi entretenir les pauvres de sa commune, il sera impossible qu'on subvienne à tout ; on secourra les pauvres, et on ne paiera point les taxes ; ou si on les acquitte, les terres, dans les campagnes, seront moins bien entretenues, parce que le cultivateur aura moins de capitaux à vouer à leur culture ; les manufactures, par contre-coup, se sentiront aussi de cet inconvénient, car l'agriculteur n'achète des objets manufacturés qu'autant qu'il a du superflu, et c'est ainsi que le commerce, l'agriculture et des manufactures florissantes se perdent graduellement chez une nation où des dépenses trop vastes forcent

le gouvernement de charger l'industrie de taxes
ruineuses.

A toutes ces circonstances déja très-malheureuses
en elles-mêmes, il se joint un autre fléau inséparable
des gouvernemens où on abandonne au hasard l'existence, d'une nombreuse population; c'est le vagabon-
dage qui fait en France des progrès très-alarmans, et
que ni la force armée, ni la surveillance des magistrats, ni l'autorité des lois ne pourront arrêter, si on
ne s'empresse d'ouvrir à cette foule de gens qui l'exercent des ateliers d'industrie où ils trouvent des moyens
légitimes pour vivre. Le gouvernement les fait poursuivre, mais cela ne prévient pas le mal. Il ne faut pas
croire que ce soit l'amour du brigandage qui arme la
plupart du tems ces vagabonds, c'est le besoin; d'ailleurs craindront-ils les galères, quand ils ont à redouter la mort, et comment renoncer au crime, quand il
y a plus de risques à ne pas le commettre qu'à le
consommer ?

Dans tout ce qui précède, je n'ai point voulu dire
que les hôpitaux fussent une chose inutile en France,
mais seulement qu'ils ne sont institués que pour la
vieillesse infirme, ou pour ceux qui ont le malheur
d'être nés avec des organes imparfaits, et que pour
les mendians, il faut leur donner du travail et non
leur faire l'aumône. J'ai insisté beaucoup, et plus j'a-
vancerai plus j'insisterai sur la nécessité de ne pas multiplier sans besoin, les charges publiques; le peuple a

déja assez des impôts de l'état ; le mal serait faible en lui-même si, en exigeant de lui des taxes au-delà de ce qu'il peut raisonnablement en payer, on ne faisait que lui ôter des jouissances personnelles , le dédommagement serait dans le bien qu'elles feraient aux indigens ; mais le malheur est qu'on ne force jamais le système des impôts, sans déranger le mécanisme de la prospérité publique. Quand les hommes d'état savent bien leur métier, le mal est bientôt réparé , parce que comme le peuple n'éprouve jamais de difficultés à payer ses taxes que le revenu public n'en souffre , l'intérêt les force bientôt de changer de marche ; mais quand ils ne savent point conduire leur système économique, ils attribuent le dérangement à des causes étrangères , emploient des remèdes à rebour et fatiguent l'état d'une foule de mesures et de déterminations aussi fatales à la prospérité publique, que le vice lui-même qu'ils ont voulu corriger.

On parle d'envoyer, à la paix , les mendians dans nos colonies ; j'aprouverais assez ce projet, si la mendicité provenait en France d'un excès de population, mais les bras manquent déja dans une si forte proportion ! D'ailleurs nos colonies ont besoin d'être soumises elles-mêmes à un système tout différent ; c'est ce système que je vais exposer.

CHAPITRE XVII.

Des Colonies.

JE déclare en commençant ce chapitre, que je ne suis point né dans les colonies, que je n'y ai point de propriétés, et qu'aucun intérêt particulier ne m'attache à ce pays. Je voyageais dans les Antilles au moment où la révolution y pénétra. Ce que je vais dire est le résultat des observations que j'ai été à portée de faire sur les lieux ; peut-être le gouvernement y trouvera-t-il quelques vues dignes d'entrer dans le système de régénération auquel il va soumettre les colonies.

Quand l'humanité et la philosophie ne commande-raient pas le maintien du décret qui a rendu les nègres libres, je ne pense pas qu'il serait jamais possible de les faire rentrer dans l'esclavage. La servitude, dans ces pays, reposait sur un préjugé qui faisait que les noirs regardaient les blancs comme des hommes d'une nature supérieure à la leur ; l'illusion est dé-truite, la soumission ne peut plus revenir. Vous pour-rez peut être, à force de fouets, de gibets et de sup-plices, les soumettre de nouveau au joug ; mais leur obéissance ne sera plus une chose de sentiment, vous serez des tyrans et eux des victimes, et le traité que vous ferez ensemble, sera celui des vaincus et des vainqueurs; c'est-à-dire qu'ils vous extermineront quand ils pourront le faire sans danger; il vous faudra toujours craindre, toujours punir; ce ne sera point des exemples que vous ferez pour votre sûreté, votre justice sera une rigueur continuelle, le sang coulera sans interruption, et vos colonies, sous une aussi féroce administration, loin de voir renaître leur ancienne prospérité, tomberont infailliblement dans le plus complet anéantissement.

C'était certainement une idée bien digne de la philosophie moderne, que celle de la liberté des nègres ; mais les meilleures choses ont besoin d'être faites avec prudence. On a anéanti les colonies pour avoir voulu jouir trop vîte. Il fallait établir un mode d'affranchissement tel que tous les esclaves devinssent libres dans un tems donné, sans que la prospérité coloniale en souffrît. La philosophie n'en demandait pas d'avantage, parce que la philosophie ne veut point des choses absurdes, et que c'est une chose absurde qu'un peuple donne une liberté sous une forme qui lui est si désavantageuse. Dans quelles erreurs ne jette point l'esprit de perfection quand il est mal entendu ! Nous avons souffert qu'on ôtât la vie à des blancs, parce qu'ils avaient ôté la liberté à des noirs ; étrange humanité qui rend la correction mille fois plus barbare que l'abus même. Il fallait que les anciens, qui se connaissaient pourtant bien en liberté, eussent des idées bien différentes des nôtres sur l'esclavage ; car Platon veut qu'on traite comme parricide tout esclave qui se défend et tue un homme libre ; nous au contraire, nous avons armé l'esclave contre l'homme libre, et il était impossible que cela n'amenât pas la destruction totale des blancs, parce que d'abord l'esclave n'a pas, comme le maître, des idées et des intérêts de conservation ; ensuite parce qu'il est dans la nature du cœur humain d'exterminer son oppresseur, quand il a cessé d'être le plus fort.

Cependant il y avait dans notre système d'esclavage, une chose qui en diminuait l'horreur, c'est qu'il était pour l'utilité et non pour l'orgueil ; il avait au moins cette espèce d'excuse que s'il blessait la loi naturelle, il enrichissait la métropole. On ne voyait point dans nos colonies les femmes s'entourer, comme chez les Orientaux, d'une multitude d'esclaves et en faire r objet de luxe. Ce n'est pas cependant qu'il ne fût déja très-brillant, à Saint-Domingue sur-tout ; mais les mœurs étaient par-tout d'une admirable simplicité ; on n'avait point encore avili la nature humaine, jusqu'à faire servir l'esclavage à la vanité du sexe ; l'habitant lui-même, que ses affaires appelaient à la ville, ne se faisait guère accompagner que d'un esclave qu'il chargeait des grosses commissions, tandis que lui-même s'occupait des achats importans. Dans les villes, les gros travaux appartenaient aux esclaves ; ils étaient à-peu-près ce que sont chez nous les hommes de journée , excepté que ceux-ci se vendent eux-mêmes en détail, et que les autres l'étaient une fois pour toutes par un étranger. Il y avait pourtant encore une autre différence , c'est qu'on châtiait l'esclave qui refusait de travailler , et que chez nous l'homme de journée travaille et se repose quand il veut. L'Europe avait retenti de ces horribles châtimens infligés aux esclaves ; les plus célèbres écrivains avaient appelé l'indignation publique contre cet outrage fait à l'humanité , et ils étaient parvenus à soulever tous les esprits droits. Mon premier soin , en arrivant aux colonies , fut de m'assurer si ces relations étaient exagérées, elles ne l'étaient point ; mais il faut convenir que les châtimens cruels étaient beaucoup moins communs dans les habitations que dans les villes. Cela tenait à une circonstance qui a trop influé sur la révolution des colonies , pour n'en pas faire mention.

Les villes coloniales se composaient généralement de deux classes d'hommes libres ; la première était formée de toutes les personnes attachées à l'administration civile et militaire , et des gros négocians commissionnaires ; l'autre était composée de petits marchands, de cabaretiers , de maîtres de bateaux et autres gens de métier. Ces hommes, qu'on nommait petits blancs, étaient pour la plupart des matelots, des calfas, des charpentiers d'Europe, qui s'étaient fixés dans les colonies dans l'espoir d'y faire fortune; gens inquiets, turbulens, avares, ayant tous les vices qu'on contracte à la mer, espèces de flibustiers, braves, entreprenans, mais cruels et despotes, comme le sont tous les hommes sans éducation. Il n'y avait sortes de cruautés auxquelles ces gens ne se portassent envers leurs esclaves; mais ce qu'il y a de singulier, c'est qu'ils étaient moins barbares encore que les affranchis noirs et de couleur envers les leurs. Il semblait que ces misérables se vengeassent de la tyrannie qu'ils avaient essuyée, en en exerçant une plus cruelle encore. Ce qu'il y avait de plus horrible, c'est que les lois n'assuraient aux esclaves aucun recours contre tant d'injustes traitemens, de manière qu'on leur avait ôté non-seulement le droit de la résistance naturelle, mais encore celui de la défense civile. Ce n'est pas qu'il n'y eût des lois pour empêcher qu'un esclave ne pût être battu par un maître auquel il n'aurait point appartenu, mais quand cela arrivait, la justice considérait dans le délit, le tort causé au propriétaire, et non l'injure faite à l'esclave. Les étrangers, que le commerce amenaient dans les villes, témoins en débarquant de ces rigueurs inouïes, et d'une législation aussi atroce, commençaient par maudire cette terre malheureuse, terminaient promptement leurs affaires, et revenaient en Europe accroître l'indignation générale.

Mais dans l'intérieur des terres, le commandement était plus doux, et l'esclavage moins rigoureux. Les habitans étaient presque tous gens riches, qui avaient reçu plus ou moins d'éducation; on y avait des mœurs qui tenaient lieu de lois, et cette sorte de politesse que donne l'aisance; d'ailleurs, la continuité des travaux de la campagne et l'éloignement des villes, ôtaient aux esclaves des occasions de se distraire et aux maîtres des prétextes de les maltraiter; au lieu qu'à la ville, où les occupations sont sujettes à manquer, et où l'esclave se louait à la journée, le maître avare se vengeait sur le sien du peu de profit qu'il en avait tiré.

Ce sont ces petits blancs dont je viens de parler qui, dans presque toutes les colonies, ont été, avec quelques aventuriers, les artisans des premières révolutions, non pour affranchir les noirs de l'esclavage, et venger en eux l'humanité outragée; l'exemple de la métropole, une sorte d'envie contre tout ce qui était riche, et cette inquiétude naturelle qui fait que l'homme veut toujours sortir de sa condition, furent les véritables causes de leurs excès.

Les assemblées coloniales auraient peut-être pu, en adoucissant par quelques lois la rigueur de l'esclavage, arrêter le torrent révolutionnaire; mais les habitans qui les composaient étaient des despotes incapables de rien relâcher de leurs prétentions, et à qui on n'aurait point persuadé que les droits de la nature doivent toujours former la première condition des sociétés politiques ; à certains égards ils n'avaient pas tort. Il n'y a jamais de raison pour que la nation constituée se sacrifie à ses esclaves, parce qu'elle existe avant eux, et que le droit des gens veut qu'une société se conserve, quand même le vice de son institution blesserait le droit naturel. Ces principes ne sont plus applicables à nos colonies, où la liberté doit rester, quelqu'irrégulière que soit la forme sous laquelle elle y est entrée; mais je les donne pour les colonies anglaises, que le sort de la guerre peut faire tomber entre nos mains, et à l'égard desquelles il faut suivre un système moins destructeur. J'ai vu des gens proposer d'y porter l'esprit de liberté, pour nuire à l'Angleterre. Quels moyens odieux, et qu'ils sont indignes d'une grande nation! N'est-il donc question que de faire du mal à son ennemi ? N'est-ce point imiter l'instinct destructeur des peuples sans police ? Toutes les nations du monde ne s'accordent-elles pas à rejeter tout ce qui n'est pas rigoureusement nécessaire à la défense naturelle ? Que ferez-vous de ces malheureuses colonies quand vous les aurez enlevées à l'Angleterre, et que la destruction les aura mises au niveau des nôtres ? N'est-ce point les ramener pour ainsi dire à l'état de nature, et priver pour des siècles entiers, l'Europe, des ressources qu'elle en tire ?

Il n'y a qu'une seule bonne manière d'introduire

la liberté dans un pays de servitude, c'est d'afranchir chaque année un certain nombre d'esclaves ;
insensiblement l'esclavage s'y perd sans qu'un aussi
grand changement y cause le moindre désordre. Ceux qu'il faut d'abord afranchir, ce sont les esclaves qui possèdent un métier, une industrie ;
ceux qui se livrent à la navigation, soit à celle de long
cours , soit à celle des Côtes, enfin tous ceux qui peuvent gagner leur vie sans être à charge à la nation
libre.

Les esclaves qui ne savent que cultiver les terres,
ne passeraient qu'après ceux dont je viens de parler ;
car pour eux, quand on les afranchirait les premiers,
ils seraient obligés de se vendre de nouveau ; ils sont
attachés à la terre qui les nourrit. Les vieillards sont
ceux qu'il faut rendre libres les derniers ; l'humanité
elle-même l'exige : qui leur donnerait du pain ? ils
n'ont plus la force d'en gagner. Je ne sais s'il ne faudrait pas que pour obtenir sa 'liberté , l'esclave eût
amassé un certain pécule, non pour lui faire acheter
une chose qu'on n'a pas droit de lui vendre , mais pour
le forcer d'acquérir pendant l'esclave le goût du travail et de l'économie, qui conservent la liberté. L'état
ne profiterait même pas de cet argent, il servirait
à l'acquisition d'un champ qui deviendrait la propriété
de l'affranchi. Je tiens fortement à cette idée , car
il s'agit moins de rendre la liberté à l'esclave, que de
le disposer à en faire usage d'une manière utile à

toute la société. Avant qu'il soit libre, elle veut être sûre qu'il le sera dans les vues de la prospérité générale, et non dans des vues d'intérêt particulier; elle peut bien vouloir ne pas tyranniser, mais non se nuire à elle-même; et le traité secret qu'elle fait avec l'esclave, en le rendant libre, c'est qu'il le sera pour elle, et non pour lui.

Quant à nos colonies, il faut y établir tout-à-la-fois les travaux et la liberté, et cela n'est pas aisé, car il n'est pas question de préparer des esclaves à une liberté future, mais de les former pour une liberté présente.

La première chose dont il faut s'occuper, c'est la culture des terres. J'ai étudié le nègre dans ses travaux, dans ses repos, dans ses amusemens; ardent au plaisir, et lent au travail, il sera infatigable à la danse, et il faudra qu'on le fouëte à l'atelier. Cela n'est pas étonnant, quand il s'amuse, c'est pour lui; quand il travail, c'est pour d'autres : quel découragement ne doit pas inspirer cette réflexion : Toute la peine est pour moi, un autre en aura le fruit. Voulez-vous que le nègre devienne laborieux, actif et speculateur, rendez-le propriétaire; la république se charge de faire cultiver les héritages des émigrés de ce pays, et ce mode d'administration est très-vicieux; d'abord les frais absorbent tous les produits, et les terres sont nécessairement mal entretenues, ensuite cela fait que les nègres sont aussi esclaves qu'ils l'étaient sous l'ancien ordre de choses. Ils sont forcés de travailler pour la république, comme on les obligeait de le faire pour des maîtres ; il n'y a de différence que dans le salaire qui est moins modique. Mais donnez à tous les nègres autant de terres qu'il en faudra pour la nourriture d'un homme, partagez-leur les campagnes qui les ont vus naître, et ils apprendront bientôt à les cultiver pour eux : la propriété attache et rend actif, intelligent ; on fait toujours bien ce qu'on fait pour soi. J'interdis à tous les anciens propriétaires la faculté de retourner dans leurs biens , excepté aux réfugiés, encore le gouvernement jugera-t-il peut-être plus sage de faire vendre leurs héritages à leur profit, que de les renvoyer dans ce pays. Ce n'est pas que je veuille défendre aux Européens le séjour des colonies ; je crois au contraire qu'elles refleuriront difficilement sous le génie des nègres ; ils n'auront point de long-tems nos goûts, notre industrie, notre activité, notre patience, ni ce courage si nécessaire dans la pratique des arts , et dans l'étude pénible des connaissances humaines. Né sous un ciel ardent , et sur un sol qui donne presque sans culture tout ce qui peut être nécessaire à la vie , le nègre est une espèce d'être contemplatif ; son bonheur est dans le repos. Si on l'abandonne à son instinct, il retournera insensiblement à l'état de nature : ni la législation, ni la liberté , ni la communication avec les nations civilisées, ne lui donneront le génie des grandes choses ; il pourra conserver le peu d'inventions que nous lui aurons laissées , mais n'y ajoutera rien ; les arts utiles, et ceux d'agrément, il les négligera de même, et pendant des siécles entiers, on ne le verra pas faire un pas dans cette carrière que l'émulation fait franchir si rapidement aux peuples industrieux de l'Europe. C'est au gouvernement français, lorsque la paix aura rétabli nos relations avec nos colonies, à y faire passer de nouveaux Européens; ils communiqueront leur génie à ce peuple indolent; ce ne seront plus des maîtres durs et avares qui viendront opprimer des esclaves, mais des Français qui apporteront à des Français leurs lumières et leur industrie.

Ce n'est pas tout, il y a une chose qui mérite de la part du gouvernement la plus sérieuse attention, c'est le préjugé de la couleur, préjugé fatal qui, dans nos colonies, a divisé l'espèce humaine en différentes classes, et qui y sera une source éternelle de discorde et de vengeance, si on ne prend tous les moyens de l'extirper. Qu'on me permette quelques détails à cet égard. Avant la destruction des colonies, on y comptait trois espèces d'hommes principales, le blanc le mulâtre et le noir. Le blanc était le maître, le souverain; tous les hommages arrivaient à lui : c'était pour lui qu'on cultivait la terre, qu'on en récoltait les fruits ; tout lui devait obéissance et respect : ce respect était prodigieux; il n'était pas seulement fondé sur ce sentiment qui fait que le vaincu respecte le vainqueur; celui qui n'a rien, l'homme qui a quelque chose, et l'esclave sans droits politiques, le citoyen qui jouit de

tous

tous les siens, il reposait aussi comme je l'ai dit sur cette idée, que le blanc était réellement d'une nature supérieure aux autres. Le mulâtre paticipait au moral comme au physique du blanc et du noir. Il était à-peu-près généralement libre : une sorte d'éducation, de politesse même, relevait son origine ; ce n'était pas tout-à-fait un blanc, ce n'était pas non plus un noir ; c'est-là ce qui devait en faire un être très-redoutable. En effet, il jouissait de toute la liberté, et n'était pas pourtant l'égal du blanc ; il n'était pas noir, et le préjugé de la couleur pesait sur lui dans toute sa force. Libre par le fait, il était esclave par l'opinion ; delà, dans cette espèce d'hommes, un mélange d'orgueil et de bassesse, d'adulation et de fierté, de souplesse et de roideur, de franchise et d'hypocrisie ; ils avaient long-tems dévoré les mépris de la classe blanche ; mais dès que la loi leur prêtait son appui pour devenir libres, leur liberté devait être sanglante ; ils avaient tout-à-la-fois à reconquérir leurs droits, et à venger leur orgueil humilié.

Quant au nègre, son destin était d'obéir à tout le monde ; l'esclavage était pour lui par-tout : sa couleur en faisait le rebut de toutes les classes ; et comme rien ne donne plus de vices que de ne pouvoir prétendre à aucune considération, il était menteur, paresseux, flatteur et voleur ; mais ces défauts venaient de son état : le nègre est naturellement bon et doux, et il deviendrait une excellente espèce d'hommes, s'il

était cultivé sur les principes d'un bon système social.

Il ne suffira pas , pour régénérer ce pays , que le
gouvernement y fasse passer à la paix des Européens ; il est indispensable qu'il détruise le préjugé
qui a servi si long-tems à y consacrer une odieuse tyrannie. Pour cela , il faudra qu'il favorise , par tous
les moyens qui seront en son pouvoir, les mariages
entre les diverses classes, les blancs, les noirs, les
mulâtres , les metifs , les quarterons , etc., cela croi-
sera les espèces , mêlera les sangs, unira les intérêts,
et confondra toutes les couleurs. J'ai proposé plus
haut de distribuer à chaque nègre une portion de
terre ; les femmes auraient aussi part à cette faveur ;
avec une pareille dot , elles trouveraient facilément
des époux dans cette foule de matelots , d'ouvriers ,
de soldats européens , que la misère surprend dans
les colonies, ou que le desir de faire fortune y
amène. Au besoin , le gouvernement accorderait une
certaine portion de terrein aux blancs, qui voudraient
former de telles alliances. Que la métropole ne spécule
point sur la vente des biens des émigrés de ce pays ;
elle en sera trop payée , si le don qu'elle en fera peut
y ramener l'ordre. Leur vente au contraire rétablirait
de fait une classe d'opprimés ; les mulâtres et les
blancs s'en partageraient l'acquisition, et tout ce que
le noir aurait gagné à la révolution , c'est d'avoir un
tyran légitime de plus. Il faut regarder les colonies

comme un pays nouveau, que la France viendrait de découvrir ; la terre ne doit pas se vendre à ceux qui voudront la défricher , parce que le droit de propriété ne précède pas la possession. Quand un état prend possession d'un pays inhabité, c'est au nom de tous les membres de la société ; ceux qui veulent avoir part au butin, vont peupler la colonie nouvelle ; on leur distribue des terres. Ils s'engagent en retour à la faire fleurir pour la métropole, à ne faire de commerce qu'avec elle, à la secourir quand elle en aura besoin , et à lui payer un tribut annuel. Le dédommagement , pour ceux qui restent, c'est d'avoir plus de facilité à vivre, de jouir des productions d'un climat nouveau, d'avoir de nouvelles branches de commerce et d'industrie , et de payer moins d'impôts dans la proportion de ce qu'en payera elle-même la colonie. Mais l'état n'a jamais le droit de vendre les possessions nouvelles, autrement tout l'avantage serait à ceux qui restent; ils auraient le prix de la terre , et jouiraient encore par les impôts de son revenu annuel. Ainsi, le gouvernement fera un acte de justice, en distribuant en propre à des familles ci-devant esclaves, les héritages coloniaux, qui n'ont plus de propriétaires, parce que les colonies, quoique soumises avant leur destruction , à une forme quelconque de gouvernement , peuvent être cependant aujourd'hui considérées comme un pays neuf, où tout est à créer.

S 2

Que le gouvernement se pénètre bien de cette vérité, que dans l'état où se trouvent les colonies, tout palliatif ne ferait qu'y aggraver les maux de l'anarchie : il n'y a qu'un système complet de législation qui puisse les y réparer, et ce système doit être puisé dans la grande règle de l'égalité, parce qu'il n'y a pas aujourd'hui de pays au monde où il soit plus facile d'établir une véritable démocratie, sans qu'on ait à craindre de forcer les proportions : aussi, l'établissement du régime constitutionnel n'est-il pas la condition la plus essentielle à la prospérité des colonies ; avant lui, il faut un pouvoir qui sache créer en même tems, et les hommes, et les choses, et ce pouvoir, c'est la propriété.

Dès qu'on n'apportera plus de noirs dans les colonies, et que l'on aura soin de favoriser les mariages entre les espèces différentes, celle des nègres se perdra insensiblement ; que cela n'allarme point le gouvernement : la culture des terres n'en souffrira pas. C'est encore une opinion généralement reçue, que les Européens ne pourraient faire ce que font les nègres, sous le climat brûlant de l'Amérique. Pour moi, qui ai vécu sur les lieux, et calculé pour ainsi dire l'action de la chaleur sur tous les tempéramens, j'ose assurer que c'est un préjugé dans toute l'acception qu'on donne à ce mot. Il n'y a sortes de travaux que je blanc, fut-il né sous les pôles, ne fut en état d'exécuter dans les colonies, si ces travaux étaient com-

binés avec la liberté, et qu'ils fussent compensés par
un gain proportionnel. C'est la barbare avarice de
nos commerçans qui a propagé cette erreur ; auraient-
ils pu vendre les hommes de l'Afrique , s'il en était
venu d'Europe pour cultiver les colonies ? Qu'est-
ce que la culture des terres en Amérique a de plus pénible que l'exploitation des mines en Europe ? aurait-on cru d'abord que des hommes pourraient s'ha-
bituer à vivre ainsi dans les entrailles de la terre ?
d'ailleurs, n'a-t-on pas vu nos matelots en Amérique charger et décharger leurs vaisseaux , transpor-
ter à terre leurs immenses cargaisons, exposés à toute
l'ardeur d'un soleil dévorant ? ces travaux ne valent-
ils pas bien ceux de l'agriculture ? et croit-on qu'il
mourut plus de blancs que de noirs dans la proportion
de leur nombre ? C'est le contraire ; j'ai été à portée
de le vérifier l'année que j'étais à la Guadeloupe : la
petite ville de Pointe-à-Pitre renfermant deux mille
blancs, et huit mille esclaves; une fièvre emporta, en
quatre mois de tems, trois cents Européens , et près
de deux mille noirs.

C'est l'incontinence qui tue les hommes dans les
climats chauds ; on veut habiter l'Amérique, et partant vivre à la manière européenne, on meurt ; ce
n'est point le climat qu'il faut accuser ; que le gouvernement ne craigne point à la paix de faire passer
dans ces pays autant de bras que pourra le permettre
la situation des manufactures et de l'agriculture en

France, et il peut être sûr que sous l'influence de la liberté et du génie européen, nos colonies verront renaître insensiblement leur prospérité.

En attendant, qu'il renonce au funeste système d'envoyer pour les gouverner des nègres ou des mulâtres ; cela était bon pour y établir la liberté ; mais cela ne vaut rien pour la conserver ; l'homme qui été a opprimé, opprime à son tour : c'est la tyrannie des vengeances qui succède à l'oppression de l'avarice. Ce que je dis là des hommes de couleur, je le dis des blancs qui auraient quelques propriétés dans les colonies. L'homme le plus sage se défend rarement, dans les choses qui l'intéressent, d'un mouvement de partialité.

Que le directoire rappèle tous ceux de ses agens qui n'auraient que des vues révolutionnaires, dans des pays où il ne faut plus avoir que des pensées conservatrices ; que ceux qu'il enverra, soient désormais responsables de leur gestion : la seule garantie, pour ceux qui sont gouvernés, c'est la responsabilité de ceux qui gouvernent. Jusqu'à présent, ces agens ont pu faire le mal impunément ; c'est sans doute pour cela qu'ils ont fait si peu de bien.

Qu'il ne s'entoure d'aucuns colons ; les uns ne veulent point la liberté, les autres ne veulent qu'elle ; mais qu'il les écoute tous ? A travers la passion qui parle, on distingue d'excellentes idées de régénération ; qu'enfin il rejette toute espèce de système, qui n'aurait pas pour objet la liberté et la prospérité agricole des colonies , car sans culture, elles nous seraient plus onéreuses que profitables , et sans la liberté, elles seraient le théâtre de guerres conti- nuelles ; chose incompatible avec la prospérité de notre commerce.

Je terminerai par quelques considérations sur la paix.

CHAPITRE XVIII,

De la Paix.

L'EUROPE attend la paix comme un bienfait, et la France elle-même la desire, parce que tel est le malheur de la guerre, qu'elle ruine également le vaincu et le vainqueur. Je n'aime point la guerre, non que je n'admire les belles choses qu'elle fait faire, et que je ne rende un hommage bien sincère aux talens qui font le grand capitaine ; mais la guerre jette les états hors des routes de leur prospérité. Si elle immortalise un peuple chez les races futures, c'est aux dépens de son bonheur actuel ; pour une gloire dont il ne pourra jouir, elle lui donne une misère qu'il sent à chaque instant, et ce n'est que dans les siècles à venir qu'elle les paie des maux du présent. Il y a une autre considération bien plus importante, qui doit porter à la paix ; c'est que la guerre prolongée finirait par ramener en Europe l'esprit militaire, fléau plus funeste à l'humanité que les calamités les plus destructives ; j'entends dire qu'il est nécessaire à notre prospérité que les autres nations de l'Europe soient désor-

mais en guerre entr'elles, mais c'est un para-
logisme. Des nations que leur propre conserva-
tions forcerait à être continuellement sous les armes,
contracteraient nécessairement, dans cette habitude guerrière, le goût d'un pareil état ; bientôt
on ne voudrait plus savoir que se battre en Europe : la France serait-elle en état d'arrêter ce génie
dévastateur ? Peut-elle espérer de faire toujours la
loi et l'histoire du monde ; n'est-elle pas la preuve
que l'empire de la force passe continuellement des
mains qui le possèdent à celles qui ne l'ont pas ?
D'ailleurs que deviendrait notre commerce extérieur ? La guerre nous permettrait-elle de renouer
avec le reste de l'Europe nos anciens rapports ?
Et quelle prospérité espérer d'un état de choses qui
isole les nations, détruit toute espèce de luxe, et
borne le commerce de chaque état aux limites de
ses frontières ? L'agriculteur cultivera-t-il beaucoup
de terres, s'il sait qu'il ne pourra exporter le superflu de ses grains ? Le manufacturier élevera-
t-il de nouveaux établissemens , s'il est privé de
consommateurs étrangers ? Enfin, le génie des arts
ne se développe-t-il pas en raison des encouragemens qu'ils reçoivent et des espaces qu'il a lui-même
à parcourir ? Je ne cesserai de répéter que la
puissance de l'Angleterre une fois abaissée, il est
de notre intérêt d'étouffer en Europe le génie mi-

litaire. Pour cela, il faut licencier, à la paix, toutes les troupes qui ne seront pas strictement nécessaires à la garde des frontières. Quand un état, en Europe, augmente les siennes, la crainte fait que bientôt les autres l'imitent ; aucun d'eux n'y gagne, et la prospérité seule y perd, parce qu'au lieu d'avoir des artisans, on finit par n'avoir que des soldats.

Gardons-nous sur-tout de cette politique brouillonne qui tendrait à soulever des peuples contre leurs souverains : la paix faite avec eux, nous ne devons leur faire qu'une guerre de principes. Soyons heureux sous la république, ce sera la meilleure satyre de la monarchie, et j'ose assurer que dans vingt ans d'ici, toute l'Europe sera libre, sans que sa liberté lui ait coûté une seule goute de sang. L'Angleterre, à qui la guerre est si utile, sait bien que la paix générale dépend des égards que nous aurons pour les souverains ; aussi il n'y a rien dont elle ne profite pour leur donner l'alarme. Arrive-t-il une sédition dans leurs états, elle en jette sur nous l'odieux. Voyez, leur dit-elle, cette république qui ne parle que de justice, elle est la première à la fouler aux pieds ; la sainteté des traités, elle la viole tous les jours, rien n'est sacré pour elle ; elle fait la paix d'une main, et elle arme de l'autre ; à une guerre franche et loyale, elle substitue par-tout des guerres de révolte ; elle ne parle que de liberté, et elle dévore celle de l'Europe ; enfin ses alliés, elle les traite comme ses ennemis : ces bruits, semés adroitement avec de l'or, chez nos alliés, jettent la défiance dans les cabinets, réveillent les inquiétudes des souverains, et laissent l'Europe incertaine de savoir s'il ne lui faudra pas recommencer une guerre qui l'a déja ruinée. A quelle activité la France ne se livrerait-elle pas, si elle pouvait compter sur la paix ! Voyez déja quelle émulation dans toutes les classes ! comme les pertes de la guerre ont donné à tout le monde l'amour du travail et le goût de l'industrie. Parcourez les ateliers publics, visitez l'intérieur des maisons, par-tout on invente, on perfectionne, on spécule, on entreprend ; personne n'est oisif : le sexe le plus faible, voué jadis aux frivoles occupations, s'est consacré aux plus rudes travaux ; les enfans eux-mêmes sont dressés au travail, presqu'avant d'avoir la force pour le supporter ; de tous côtés, les métiers se multiplient, les boutiques s'élèvent à côté des boutiques, l'industrie anime et vivifie tout. Ah ! si le Français a fait des choses si étonnantes dans la guerre, que ne doit-on pas attendre de son génie sous l'empire d'une longue paix, et quel état s'est jamais trouvé plus préparé que la France à tous les genres de prospérité !

Au-dedans un gouvernement neuf et vigoureux, un peuple libre et industrieux, un territoire immense et le plus fertile de l'Europe, des matières premières dans tous les genres, et des manufactures pour les travailler ; au-dehors, des alliés fidèles, ou des ennemis vaincus, des colonies régénérées, et le monde entier ouvert à nos spéculations. Français, la monarchie nous promit-elle jamais des destinées aussi brillantes ? O mes compatriotes ! si cet ouvrage vous a paru contenir quelques vérités, si sur-tout vous l'avez jugé celui d'un homme de bien, sincèrement attaché à sa patrie, croyez que pour rien au monde je ne vanterais notre gouvernement, si je ne le croyais propre à faire le bonheur de la France ; la vérité m'est plus chère que les considérations de la fortune et de l'ambition. Pour moi, je jouis d'avance du bonheur de ma patrie ; je vois tous les étrangers, à la paix, s'empresser de venir visiter un pays où existait autrefois la plus puissante monarchie du monde, et sur laquelle s'est élevée une république plus puissante encore ; l'éclat de nos victoires, nos arts, des mœurs faciles, un certain goût qu'on ne trouve point ailleurs, tout attirera leur foule curieuse ; on voudra voir notre police, nos lois, nos fêtes, notre tenue républicaine, ces deux sénats, et ce directoire qui donne la loi à l'Europe , et qui la reçoit lui-même de la volonté nationale. O mon pays ! quelles destinées l'attendent , et qu'il sera heureux de vivre sous tes lois, si ceux qui te gouvernent veulent te faire prospérer pendant la paix, comme lls t'ont illustré pendant la guerre !

F I N.

TABLE
DES MATIERES.

Fin de la Table.

www.ingramcontent.com/pod-product-compliance
Lightning Source LLC
Chambersburg PA
CBHW071540030726
47598CB00001B/176